Markus Bokowsky

Möglichkeiten der Nutzung von Online-Diensten und
Rahmen der Kommunikationspolitik

Bibliografische Information der Deutschen Nationalbibliothek:

Bibliografische Information der Deutschen Nationalbibliothek: Die Deutsche Bibliothek verzeichnet diese Publikation in der Deutschen Nationalbibliografie; detaillierte bibliografische Daten sind im Internet über http://dnb.d-nb.de/ abrufbar.

Copyright © 1996 Diplomica Verlag GmbH
Druck und Bindung: Books on Demand GmbH, Norderstedt Germany
ISBN: 9783838640297

http://www.diplom.de/e-book/219663/moeglichkeiten-der-nutzung-von-online-diensten-und-computernetzwerken-im

Markus Bokowsky

Möglichkeiten der Nutzung von Online-Diensten und Computernetzwerken im Rahmen der Kommunikations-politik

Diplom.de

Markus Bokowsky

Möglichkeiten der Nutzung von Online-Diensten und Computernetzwerken im Rahmen der Kommunikationspolitik

Diplomarbeit
an der Fachhochschule München
Fachbereich Betriebswirtschaft
Lehrstuhl für Marketing, Prof. Roth
9 Monate Bearbeitungsdauer
Februar 1996 Abgabe

Diplom.de

Diplomica GmbH
Hermannstal 119 k
22119 Hamburg

Fon: 040 / 655 99 20
Fax: 040 / 655 99 222

agentur@diplom.de
www.diplom.de

ID 4029

ID 4029
Bokowsky, Markus: Möglichkeiten der Nutzung von Online-Diensten und
Computernetzwerken im Rahmen der Kommunikationspolitik
Hamburg: Diplomica GmbH, 2001
Zugl.: München, Fachhochschule, Diplomarbeit, 1996

Diplomica GmbH
http://www.diplom.de, Hamburg 2001
Printed in Germany

E/019/96

Inhaltsverzeichnis

Darstellungsverzeichnis

Abkürzungsverzeichnis

A.N.A. .... Association of National Advertisers
a.o. .... and others
AAAA .... American Association of Advertising Agencies
ABC .... American Brodcast Corporation
Abo .... Abonnement
ADSL .... Asymmetrical Digital Subscriber Line
AOL .... America Online
ARF .... Advertising Research Foundation
ARPA .... Advanced Research Projects Agency
ARPAnet .... Network of the Advanced Research Projects Agency
ATM .... Asynchronous Transfer Mode
Aufl. .... Auflage
BBS .... Bulletin Board System
Bit/s .... Bit per Second
BITnet .... Because It's Time Network
Btx .... Bildschirmtext
c't .... Magazin für Computertechnik
CASIE .... Coalition for Advertising Supported Information and Entertainment
CC .... Carbon Copy
CD .... Compact Disk
CD-Interaktive .... Compact Disk Interaktive
CD-ROM .... Compact Disk Read Only Memory
CEPT .... Conférence Européene des Administrations des Postes et des Télécommunications
CERN .... European Particle Physics Labratory
CI .... Corporate Identity
CMC .... Computer-Mediated Communication
CME .... Computer-Mediated Environment
CSNET .... Computer and Science Network
CU SeeMe .... See You See Mee
Darst. .... Darstellung
DFN .... Deutsches Forschungsnetz
Dos .... Disc Operation System
DRTV .... Direct Response Televison

dt.	deutsch
DV	Datenverarbeitung
E-Mail	Electronic Mail
E-Zine	Electronic Magazine
et al.	et alii
FAQ	Frequently asked Questions
FTP	File Transfer Protocol
FTTC	Fibre to the Curb
FTTH	Fibre to the Home
FU	Freie Universität
GBG	Geschlossene Benutzergruppe
GNN	Global Network Navigator
HDSL	High Bit Rate Digital Subscriber Line
Hrsg.	Herausgeber bzw. herausgegeben
HTML	Hypertext Markup Language
HTTP	Hypertext Transfer Protocol
i.e.	it est
IAB	Internet Audit Bureau
IDC	International Data Corporation
IETF	Internet Engineering Task Force
IFA	Internationale Funkausstellung
IPA	Interacive Publishing Alert
IRC	Internet Relay Chat
ISDN	Integrated Services Digital Network
Kbit/s	Kilobits per Second
KIT	Window based Kernel for Intelligent Communication Terminals
LAN	Local Area Network
LEH	Lebensmittel Einzelhandel
Mac	Macintosh
masch.	maschienenschriftlich
max.	maximal
Mbit/s	Megabit per Second
MGM	MediaGruppe München
MIDS	Matrix Information Directory Services
Mitarb.	unter Mitarbeit

MSN .... Microsoft Network
MUD............................. Multi User Dungeon
No. .... number
NSF............................. National Science Foundation
o. Ü. .... ohne Übersetzerangabe
o. V. .... ohne Verfasserangabe
OS/2 .... Operation System/2
ÖVP............................. Österreichische Volkspartei
p.................................. page(s)
PC .... Personalcomputer
POI .... Point of Information
POS .... Point of Sale
PR................................ Public Relations
PSI .... Performance Systems International Inc.
RFC.............................. Request for Comments
S. A. .... Société anonyme
SOHO .... Smal Office Home Office
Tbit/s .... Terabits per Second
TdW .... Typologie der Wünsche
TKP............................. Tausend-Kontakt-Preis
TV................................ Television
überarb......................... überarbeitet
übers. .... übersetzt
URL............................. Uniform Ressource Locator
Vkf .... Verkaufsförderung
vs................................. versus
W&V............................. Werben und verkaufen
WAIS .... Wide-Area Information Systems
WDR............................. Westdeuscher Rundfunk
Win .... Windows
Win 95 .... Windows 95
WKZ .... Werbekostenzuschuß
WWW............................ World Wide Web
WZB .... Wissenschaftszentrum Berlin
ZAW .... Zentralverband der deutschen Werbewirtschaft

1 Einleitung

Dieses Kapitel soll eine Begründung für die Wahl des Themas liefern, sowie die Ziele der Arbeit aufzeigen. Desweiteren soll die gewählte Vorgehensweise erläutert, sowie auf einige Spezialaspekte der Untersuchung hingewiesen werden.

1.1 Rechtfertigung der Themenstellung

Die Rahmenbedingungen für die Marketing-Kommunikation sind in den letzten Jahren zunehmend schwieriger geworden. Die Verbraucher leiden unter Informationsüberlastung und zeigen immer weniger Interesse an klassischer Unternehmenskommunikation. Demgegenüber steht der Wunsch nach individueller Ansprache und vermeintlich objektiver Produktinformation. Von der Marketing-Forschung weitgehend unbemerkt haben sich Online-Dienste und vor allem das Internet zu stattlicher Größe entwickelt. Heute nutzen ca. 40-50 Mio. Menschen weltweit Datennetze zur Kommunikation, Information und Unterhaltung. Die Nutzung dieser Netze zur Unternehmens-Kommunikation könnte, bedingt durch die, von klassischen Medien differierenden Kommunikationseigenschaften, eine Antwort auf die erschwerten Rahmenbedingungen der 90er sein. Während in der Literatur überwiegend der Einsatz zu Zwecken der Distribution diskutiert wird, soll in dieser Arbeit das, in Online-Diensten und dem Internet liegende Potential für die Marketing-Kommunikation aufgezeigt werden. Die in der Praxis beobachtbaren Tendenzen lassen vermuten, daß hier der Einsatzschwerpunkt der nächsten Jahre liegen wird.

1.2 Aufbau der Arbeit

Ziel dieser Arbeit ist es die theoretischen und praktischen Nutzungsmöglichkeiten von Online-Diensten und Internet für die Marketing-Kommunikation darzustellen. Hierzu sollen zunächst die einzelnen Systeme, ihre Nutzer sowie die zu erwartenden zukünftigen Entwicklungen vorgestellt werden. Danach sollen die Besonderheiten der untersuchten Medien durch eine Gegenüberstellung mit traditionellen Medien herausgearbeitet werden. Die Ergebnisse der Betrachtung der in Online-Medien möglichen Kommunikationsbeziehungen sollen den theoretischen Rahmen für die Einsatzmöglichkeiten innerhalb der Kommunikationspolitik liefern. Basierend darauf, sollen dann Ansatzpunkte für die Marketing-Kommunikation gefunden und auf den verschiedenen Ebenen des Planungsprozesses dargestellt werden. Abschließend soll noch den veränderten Kommunikationsbedingungen durch das Aufzeigen der an die Umsetzung zu stellenden Anforderungen Rechnung getragen werden.

1.3 Vorgehensweise

Diese Arbeit ist so „untechnisch" wie möglich gehalten, die Darstellung des technischen Aspekts ist auf die Erklärung der wichtigsten Zusammenhänge und Funktionsweisen beschränkt. Auf eine ausführliche Darstellung technischer Einzelheiten wurde bewußt verzichtet, andere Arbeiten haben sich hiermit bereits eingehend beschäftigt.

Durch die Komplexität des Themengebietes wurde die Einbeziehung mehrerer Disziplinen, von der Informatik bis zur Soziologie, notwendig. Die Ansatzpunkte für die Marketing-Kommunikation wurden durch Übertragung, der in der modernen Marketing-Literatur diskutierten Modelle auf die, in Datennetzen herrschenden Kommunikationsbedingungen gefunden. Um die in der Praxis zu beobachtenden Einsatzmöglichkeiten auf der Instrumentalebene aussagekräftig darstellen zu können, mußten vereinzelt eigene Definitionen und Modelle entwickelt werden. Wobei mehr Wert auf eine Darstellung langfristig nutzbarer Potentiale als auf eine Effizienzabschätzung zum gegenwärtigen Zeitpunkt gelegt wurde. Zur Illustrierung konkreter Umsetzungsmöglichkeiten wurden etliche, der Praxis entnommene Darstellungen verwendet. Grundsätzlich sind die aufgezeigten Potentiale für alle Organisationsformen nutzbar. Um jedoch eine verständliche Darstellung zu ermöglichen, wurde teilweise die Sichtweise von Unternehmen der werbetreibenden Industrie gewählt. Die Beschränkung der Darstellung auf einen geografischen Raum ist in weltweiten Netzen wenig sinnvoll. Es wurde deshalb ein globaler Betrachtungsrahmen gewählt, wobei hierin der Untersuchung des deutschsprachigen Raumes besondere Bedeutung beigemessen wurde.

Die Literatursuche gestaltete sich erwartungsgemäß schwierig, relevantes Material ist bisher vorwiegend in Amerika erschienen und nicht leicht zu beschaffen. Als ergiebige Quelle stellte sich das Internet heraus. Ein Teil des, für diese Arbeit verwendeten Materials ist ausschließlich im Netz publiziert worden. Besonders für wissenschaftliche Arbeiten kann durch eine Veröffentlichung im Netz ein größerer Leserkreis erschlossen werden. Die Verwendung dieses Materials wirft jedoch die Frage nach einer korrekten Zitierweise auf. Innerhalb dieser Arbeit wurden, in Anlehnung an die Empfehlungen von *Quinion* die bei Online-Dokumenten fehlenden Angaben (Verlagsort, Verlag und Seite) durch die Adresse, unter der die Dokumente im Netz zu finden sind ersetzt.[1] Diese als URL (Uniform Resource Locator) bezeichnete Adresse wurde analog der gewählten Vollbeleg Methode in die bibliographischen Angaben aufgenommen. Das Zitierformat der jeweiligen Literaturart wurde dabei beibehalten. D.h. Aufsätze in elektronischen Magazinen wurden wie Zeitschriftenaufsätze zitiert, sonstige elektronische Dokumente wie Bücher. Bei Material, da sowohl gedruckt als auch elektronisch erschienen ist, wurden die bibliographischen Daten um die jeweilige URL (wenn bekannt) ergänzt. Die den Online-Diensten und dem Internet entnommenen Beispiele enthalten bereits in der Darstellung eine Quellangabe, auf ein wiederholtes Anführen der Quelle unterhalb der Darstellung ist deshalb verzichtet worden.

---

[1] Vgl. *Quinion, Michael B.*: Citing Online Material, [URL: ftp://rtfm.mit.edu/pub/usenet/alt.answers/alt-usage-english-faq], 1995.

2 Darstellung Online-Dienste und Internet

Dieses Kapitel soll einen Eindruck von den derzeit in Deutschland zur Verfügung stehenden Online-Diensten sowie dem Internet und deren Benutzern vermitteln. Anstelle einer ausführlichen Beschreibung jedes einzelnen Online-Dienstes soll zunächst eine kurze Charakterisierung der Systeme anhand der wichtigsten Kriterien und danach eine zusammenfassende Darstellung der in ihnen zur Verfügung stehenden Dienstangebote erfolgen. Da der darzustellende Bereich sich in stetigem Wandel befindet, werden die gemachten Angaben nur relativ kurz Gültigkeit besitzen. Mit der Darstellung möglicher zukünftiger Entwicklungen soll dem Rechnung getragen werden.

2.1 Abgrenzung

Bei der Kategorisierung von Datennetzen muß zwischen Computer-Netzwerken und Online-Diensten unterschieden werden. Jeder Zusammenschluß von mindestens zwei Computern wird als Netzwerk bezeichnet. Bedingt durch den Trend zur Vernetzung von Arbeitsplatz-Computern existieren weltweit Hunderttausende verschiedener lokaler Netzwerke (LANs). Werden hiervon wiederum zwei oder mehr zusammengeschlossen entsteht ein neues, größeres Netzwerk. Der größte und bedeutendste Zusammenschluß weltweit verteilter Netzwerke ist das Internet. Neben dem Internet existieren noch andere kontinentübergreifende Netzwerke, wie beispielsweise Firmennetze multinationaler Unternehmen oder private Mailboxnetze wie das Fidonet. Sie werden innerhalb dieser Arbeit jedoch nicht berücksichtigt, das Internet ist das einzige verteilte Computer-Netzwerk welches behandelt werden soll.

Online-Dienste bestehen zwar auch aus mehreren Computern, deren Beziehung zueinander ist jedoch eine andere. In Netzwerken wie dem Internet zusammengeschlossene Computer können auf andere Computer innerhalb des Netzes zugreifen und es kann auf sie zugegriffen werden. Es herrscht eine technische Gleichberechtigung, was die dezentrale Lagerung von Inhalten zur Folge hat. Online-Dienste hingegen sind zentralistische Systeme. Die Inhalte befinden sich auf einem, oder mehreren Zentralrechnern, auf die von den Teilnehmern zugegriffen werden kann. Die meisten Online-Dienste erlauben es den Nutzern zwar eigene Inhalte dem System hinzuzufügen, diese müssen aber auch per Upload auf den Zentralrechner befördert werden.

Darüber hinaus existiert noch eine Reihe weiterer Unterschiede zwischen Online-Diensten und dem Internet. Online-Dienste werden von privatwirtschaftlichen Unternehmen betrieben und dienen der Gewinnerzielung. Die Betreiber haben die Kontrolle über die in ihren Systemen angebotenen Inhalte und können deren Auswahl frei bestimmen. Das Internet als Zusammenschluß von Netzwerken kann Niemandem gehören. Die Betreiber der im Internet verbundenen Netzwerke sind jeweils nur für ihr eigenes Netz verantwortlich. Das Internet besitzt keine zentrale Autorität oder Verwaltung, zusammengehalten wird es von einigen Protokollen, die von Allen benutz werden und die Kommunikation zwischen den Computern regeln. Welche Ziele jeder Netzwerkbetreiber verfolgt ist ihm selbst überlassen, eine Zensur findet nicht statt. Jeder, der technisch dazu in der Lage ist, kann sein Netzwerk dem Internet hinzufügen. Online-Dienste verlangen von ihren Nutzern Gebühren, die für die technische Aufrechterhaltung des Systems sowie die Finanzierung der Inhalte verwendet werden. Privatpersonen, die sich per Modem über einen sogenannten Service- oder Zugangs-Provider ins Internet einwählen, zahlen nur für den technischen Anschluß. Die Gebühren müssen deshalb nicht niedriger sein als bei kommerziellen Online-Diensten, der Unterschied besteht vielmehr darin, daß nur für den Anschluß, aber nicht für die Inhalte bezahlt wird.

Vor diesen Unterschieden ist die Darstellung der einzelnen Systeme in diesem Kapitel zu betrachten, sowie eine Bewertung der im Rest dieser Arbeit dargelegten Anwendungsmöglichkeiten für die Marketing-Kommunikation vorzunehmen.

2.2 Entstehung

Die grundlegenden Unterschiede zwischen Online-Diensten und dem Internet lassen sich auch aufgrund ihrer verschiedenartigen Entstehungsgeschichten erklären. Internet und Online-Dienste sind aus völlig unterschiedlichen Beweggründen errichtet worden, daß sie heute beide um die Gunst von Unternehmen und Privatanwendern konkurrieren war nicht vorherzusehen.

2.2.1 BTX und die Anfänge kommerzieller Online-Dienste

1977 stellte die Deutsche Bundespost auf der Internationalen Funkausstellung in Berlin der Öffentlichkeit erstmals ihr neues System Bildschirmtext (BTX) vor. Die kommerzielle Einführung fand dann sechs Jahre später, ebenfalls auf der IFA, 1983 statt. BTX basiert auf dem 1981 verabschiedeten europäischen CEPT Standard. „Der CEPT Standard regelt das Übertragungsprotokoll vom Postrechner zum Endgerät und beschreibt, in welcher Form Textdaten, Farbinformation und Grafiken als Verbund transportiert werden sollen."[2]

Anfang der 80er Jahre arbeiteten fast alle nationalen Telefongesellschaften in Europa an einem eigenen Bildschirmtext System. Vorreiter war Großbritannien mit dem Prestel System, am erfolgreichsten, mit heute über 14 Millionen Teilnehmern, Frankreich mit Minitel. Die Bildschirmtext Systeme der ersten Stunde waren allesamt zeichenorientiert, wodurch sich wenig ansprechende Darstellung der Inhalte und eine umständliche Benutzung der Systeme ergab. Die Steuerung erfolgte über eigene Geräte, die an den Fernseher und die Telefonleitung angeschlossen wurden bzw. über sogenannte BTX-Terminals, die Tastatur und Monitor eingebaut hatten. Mit Ausnahme von Frankreich, das diese Geräte massiv subventionierte, wurden erwähnenswerte Teilnehmerzahlen erst ab dem Zeitpunkt erreicht, wo eine Benutzung mit Personal Computern möglich wurde.

Relativ zeitgleich entwickelten sich in den USA dateiorientierte Systeme, die nur auf die Benutzung per Computer und Modem ausgelegt waren wie Prodigy und CompuServe. Durch Verlagerung von Funktionen auf den lokalen Computer und die Entwicklung schnellerer Modems konnte die Geschwindigkeit der Systeme kontinuierlich gesteigert werden. Die Benutzerfreundlichkeit sowie die Darstellungsmöglichkeit der Systeme stieg kontinuierlich, multimediale Inhalte wurden möglich. Heute hat die Benutzerfreundlichkeit der Systeme eine Stufe erreicht die auch eine Ansprache breiter Zielgruppen, jenseits computerbegeisterter Anwender erlaubt. Die Spitze der technischen Entwicklung kommerzieller Online-Dienste stellt heute das Microsoft Network dar, das sich vollständig in das Betriebssystem Windows 95 integrieren läßt. Die Grenzen zwischen Online und Offline verschwimmen zusehends. Die Technik der Systeme wird in Zukunft stark an Bedeutung verlieren, die Inhalte werden verstärkt in den Vordergrund rücken. Der Kampf um Content-Provider[3] wird die Zukunft kommerzieller Online-Dienste bestimmen.

2.2.2 Von ARPAnet zum Netz der Netze – Die Geschichte des Internet

Als Geburtshelfer für das spätere Internet fungierte der „Sputnik-Schock", der bei den amerikanischen Militärs durch den erfolgreichen Start der gleichnamigen Rakete durch die UdSSR ausgelöst wurde. Um wieder einen Vorsprung im Bereich der militärisch nutzbaren

[2] *Bartel, Andreas*: Online-Anwendungen nutzen mit Datex-J/Bildschirmtext – Homebanking, Teleshopping, Container-Welt, Electronic Mail, Bonn u.a.: Addison-Wesley, 1994, S. 21.
[3] Anbieter von Inhalten werden im Online-Dienst als Content-Provider bezeichnet.

Technologien zu erlangen wurde die dem Verteidigungsministerium unterstehende *Advanced Research Projects Agency (ARPA)* gegründet.[4] 1969 begann man die wenigen im Land zur Verfügung stehenden Computer zu vernetzen, um Wissenschaftlern, die nur Zugang zu einem leistungsschwachen Rechner hatten eine Mitbenutzung der wenigen und teuren Großrechner zu ermöglichen. Dieses ARPAnet getaufte Netzwerk sollte auch dem Zweck dienen, die Kommunikationsstrukturen der USA nach einem atomaren Angriff aufrecht zu erhalten. Es bekam deshalb eine dezentrale Struktur, Kommunikation sollte auch nach dem Ausfall einiger Netzknoten weiterhin möglich sein. Um dies zu ermöglichen entschied man sich für ein sogenanntes Paketvermittlungsverfahren. D.h. eine Nachricht wird in mehrere Datenpakete aufgeteilt, welche dann, mit einer Zieladresse versehen, unabhängig voneinander übertragen werden. Bei der Zieladresse angekommen, werden die Pakete wieder zu einer vollständigen Nachricht zusammengesetzt, wobei die einzelnen Datenpakete dabei durchaus unterschiedliche Wege durchs Netz zurückgelegt haben können. Die Pakete suchen sich automatisch immer den schnellsten Weg ans Ziel. Dieser Umstand ist für die heute viel diskutierte Sicherheitsproblematik bei der Übertragen sensibler Daten (z.B. Kreditkarteninformationen) über das Internet verantwortlich.

Um auch Wissenschaftlern und Forschern aus dem nichtmilitärischen Bereich Zugang zur Computerkommunikation zu ermöglichen errichtete die *National Science Foundation (NSF)* 1981 das wissenschaftsorientierte Computer and Science Network (CSNET). Zeitgleich entstanden noch eine Reihe von weiteren Netzwerken, die hauptsächlich den wissenschaftlichen Meinungsaustausch zum Ziel haben wie das Usenet oder das BITnet. Darüber hinaus haben auch viele große Firmen zu dieser Zeit damit begonnen eigene Firmennetze aufzubauen. All diese Netze wurden mit dem ARPAnet verbunden und ARPA-Internet und später nur noch Internet genannt.

1986 errichtete die *NSF* sechs, über die Vereinigten Staaten verteilte Hochleistungs-Computerzentren. Um diese zu verbinden wurde ein Hochgeschwindigkeitsnetz, das NSFnet geschaffen. Durch seine große Bandbreite wurde das NSFnet schnell zum *Backbone* des Internet. D.h. es wurde zu einer Hauptverbindungsader des Internet. Die Mehrzahl der Datenpakete durchquert auf dem Weg zu ihrem Ziel „das Backbone". Das NSFnet übernahm immer mehr Netzlast vom ARPAnet, bis dieses 1990 ganz aufgelöst wurde. Der militärische Teil der Forschung der USA spielt sich heute in dem in Milnet übriggebliebenen Rest des ARPAnet ab.

[4] S. *Kiefer, Thomas*: Das Internet im Wandel vom Nischenmedium zum Publikumsmedium, Magisterarbeit, München, [URL: http://www.ifkw.uni-muenchen.de/~kiefer/TEXT/WANDEL/contents.htm], 1995.

In den achtziger Jahren entstanden in vielen Ländern der Erde ähnliche Netzwerke, die sich miteinander verbanden und somit ein Teil des Internet wurden. Heute besteht das Internet aus ca. 20.000 selbständigen Einzelnetzwerken. Nicht zu vergessen sind auch die in den achtziger Jahren in Amerika und Europa entstandenen privaten Mailbox-Netze, die sich teilweise ans Internet angliederten und mit für dessen Kultur sorgten.

In Europa begann die Geschichte der Computerkommunikation im wesentlichen 1982 mit der Gründung von *EUnet*, einem Zusammenschluß von Mitgliedern der europäischen Computerindustrie und Wissenschaft.[5] 1993 wurde das Ebone, ein europäisches Backbone errichtet, an welches die nationalen Netze der einzelnen europäischen Staaten angeschlossen sind. Das Ebone ist natürlich wiederum mit den Backbones der anderen Kontinente verbunden.

Da das *NSF* nur eine rein wissenschaftliche Nutzung der Leitungen des NSFnet erlaubte, die kommerzielle Nutzung des Internet aber stetig zunahm, wurden von Privatunternehmen weitere Backbones errichtet.[6] Firmen können ihre Netze direkt, oder mit Hilfe eines Service-Providers an diese Backbones anschließen. Der größte Anteil, des im Internet übertragenen Datenvolumens entfällt heute bereits auf kommerzielle Teilnehmer. In Deutschland kümmert sich um den wissenschaftlichen Teil der *DFN-Verein*, für die Anbindung von Unternehmen und Privatpersonen existieren drei große und eine Unmenge kleiner Service-Provider. Mit Ausnahme von MSN bieten inzwischen auch alle kommerziellen Online-Dienste einen Übergang ins Internet.

Dieses, aus militärischen Überlegungen entstandene Internet, ist heute das größte selbstverwaltete System zur weltweiten freien Meinungsäußerung.

2.3 Kurzcharakteristik

In diesem Abschnitt sollen kurz die wichtigsten Systemdaten der Online-Dienste und des Internet dargestellt werden. Da von den sechs derzeit verfügbaren Systemen drei erst 1995 in Deutschland gestartet sind, kann dies nur als Momentaufnahme dienen. Der Markt kommerzieller Online-Dienste ist stark in Bewegung, eine Konsolidierung ist nicht vor Ende 1996 zu erwarten. Einen zusammenfassenden Überblick gibt Darst. 1.

[5] S. *Falckenberg, Christian*: Internet – Spielzeug oder Werkzeug? – Einführung in Grundlagen und Anwendungen mit Diskussion sozialer und gesellschaftlicher Aspekte, Studienarbeit, Aachen, [URL: http://www.comnets.rwth-aachen.de/chf/Studienarbeit/internet.html], 1994.
[6] S. *MacKie-Mason, Jeffrey K./Varian, Hal*: Economic FAQs About The Internet, in: Journal of Economic Perspectives (1994), No. 3, S. 77.

Darst. 1: Übersicht Online-Dienste und Internet

	AOL	CompuServe	MSN	eWorld	T-Online	Internet
Betreiber	America Online, Bertelsmann u.a	H&R-Block-Gruppe	Microsoft	Apple	Deutsche Telekom	ca. 20 000 selbst. Netze
Gegründet	1985	1979	1995	1994	1983	1969
Verfügbar in Deutschland seit	1995	1990	1995	1995	1983	1982
Anzahl Teilnehmer weltweit	4,5 Mio.	4 Mio.	600.000	120.000	970.000	ca. 40 Mio.
Anzahl Teilnehmer Deutschland	12.500	225.000	k. A.	k. A.	970.000	ca. 1 Mio.
Grundgebühren	9,90 DM	9,95 Dollar	14,– DM	9,95 Dollar	8,– DM	Abhängig
Freie Online-Zeit (Stunden je Monat)	2	5	2	1	-	von der Art
Online- Gebüren pro Stunde	6 DM	2,95 Dollar	7,50 DM	9,95 Dollar	1,20-3,60 DM	des Zugangs
Kostenpflichtige Premium -Services	nein	ja	ja	nein	ja	ja
Lokalisierte Angebote in	USA, D, F. GB	D, GB, I, F, NL, S, u. a.	USA, D, F, KAN	USA, D	D	ca. 150 Ländern
Rechnerplattformen	Win, Mac	Mac, Dos, Win, OS/2	Win 95	Mac	Mac, Dos, Win, OS/2 (CEPT);Win, OS/2 (KIT)	Win, Dos, Mac, UNIX, OS/2 u.a.
Zugangsknoten in Deutschland	50 bis max. 28.800 Bit/s	25 bis max. 14.400 Bit/s	10 mit 9.600 Bit/s, 4 mit 14.400 Bit/s	35 mit 9.600 Bit/s oder 14.400 Bit/s	flächendeckend 14.400 Bit/s und ISDN (64 Kbit/s)	14.400 Bit/s bis 2 MBit/s

Quelle: In Anlehnung an MediaWare (Hrsg.): Online – Vor- und Nachteile, Nutzer, Rechtsfragen, Entwicklungen/Tendenzen, Dienste im Vergleich, Frankfurt/Main: Selbstverlag, 1995, S. 60

2.3.1 T-Online

Das von der Deutschen Bundespost gegründete Bildschirmtext System BTX wurde 1993 in Datex-J umbenannt und heißt nach einem erneuten Namenswechsel seit 1995 T-Online. Betrieben wird T-Online von der Deutschen Telekom, der Rechtsnachfolgerin der Deutschen Bundespost, wobei die Vermarktung bei der Agentur 1&1 Montabaur liegt. Mit 950.000 Teilnehmern in Deutschland ist T-Online Marktführer bei kommerziellen Online-Diensten. Zeitgleich mit der Umbenennung ist auch der neue Darstellungsstandard KIT eingeführt worden.[7] KIT erlaubt eine Aufbereitung der Inhalte in der von den anderen Online-Diensten gewohnten Qualität. Mousebedienung, hochauflösende Grafiken sowie Sound-Objekte sind jetzt auch in T-Online möglich. KIT soll den alten, noch aus BTX Zeiten stammenden, zeichenorientierten CEPT-Standard nach und nach ersetzen und helfen die

---

[7] KIT ist die Abkürzung für „Window based Kernel for Intelligent Communication Terminals", für weitere Informationen zu KIT s. Fischer, Thomas/Seth, Carsten: Abgestaubt – Multimedia-Oberfläche KIT für Btx, in: c't (1995), Nr. 4, S. 100-102.

Marktführerschaft gegen die neu auf den Markt gekommenen Systeme zu verteidigen. Da die Programmierung von Seiten im KIT-Standard relativ teuer ist und jeder Inhaltsanbieter selbst entscheiden kann, ob und wann er auf KIT umstellt, wird mittelfristig die Mehrheit der Inhalte aber weiterhin im CEPT-Standard angeboten werden.

Die Inhalte in T-Online stammen von ca. 2500 externen Content-Providern, unter ihnen auch viele kleine und mittelständische Firmen. Darüber hinaus sind alle renommierten Datenbankanbieter über externe Rechner vertreten. Als einziger Online-Dienst in Deutschland bietet T-Online Telebanking an. Telebanking ist für T-Online „Die Killerapplikation". In T-Online werden mehr elektronische Konten geführt als das System Mitglieder hat. Laut Angaben der Telekom nutzen 85% der Teilnehmer Telebanking.[8]

T-Online hat viele Teilnehmer, die das System ausschließlich geschäftlich nutzen. Gerade im Business to Business Bereich sind viele sogenannte Geschlossene Benutzergruppen (GBGs) entstanden, die von Firmen zur flächendeckenden Anbindung ihrer Handelspartner genutzt werden. Die Telekom sieht die Zielgruppe von T-Online daher auch eher im geschäftlichen als im privaten Bereich. Privatleute, die T-Online nutzen, wollen konkrete Aufgaben erledigen (Telebanking, Fahrplanauskunft); ein Stöbern im System wie bei den anderen Online-Diensten oder gar ein regelrechtes Versinken wie im Internet ist bei T-Online nicht zu beobachten. Die Benutzeroberfläche des Systems lädt, trotz KIT-Standard, dazu auch nicht gerade ein.

Die Grundgebühr von T-Online beträgt 8,– DM im Monat. Desweiteren fallen zeitabhängige Gebühren zwischen 2 und 16 Pfennig pro Minute an. Jeder Anbieter kann außerdem für den Abruf einer Seite bis zu 9,99 DM verlangen. Die Gebühren werden zusammen mit der Telefonrechnung eingezogen. T-Online ist auf Deutschland beschränkt, hier aber flächendeckend unter einer einheitlichen Nummer zu erreichen.

2.3.2 CompuServe

CompuServe ist bisher der einzige international operierende Online-Dienst. Es existieren Zugangsknoten in 150 verschiedenen Staaten. Den 3,5 Millionen Mitgliedern stehen ca. 2500 unterschiedliche Dienstangebote zur Verfügung, die von externen Content-Providern realisiert werden. Die Anzahl deutscher Inhaltsanbieter ist gering, vorherrschende Sprache ist Englisch. CompuServe selbst betätigt sich nicht als Dienstanbieter, sondern

---

[8] Vgl. *MGM MediaGruppe München* (Hrsg.): Marktübersicht Online-Dienste – Zehn in- und ausländische Systeme im Vergleich, Kommunikations-Kompendium, Band 5, München: Selbstverlag, 1995, S. 23.

stellt nur das System zur Verfügung und kümmert sich um die Verwaltung der Mitglieder. Am umfangreichsten sind Unternehmen der Computerindustrie vertreten, weshalb auch ein großer Teil der CompuServe Mitglieder dem technikorientierten Umfeld zuzuordnen sind. Die Nutzungsgebühr beträgt monatlich $9,95 und beinhaltet fünf Stunden freie Nutzung der Services. Jede weitere Stunde wird mit $2,50 berechnet. Darüber hinaus kann jeder Content Provider für die Nutzung seines Angebotes extra Gebühren in beliebiger Höhe verlangen. Das Inkasso übernimmt CompuServe.

2.3.3 America Online

Der 1985 gegründete Dienst America Online (AOL) ist mit 4 Millionen Mitgliedern derzeit Marktführer unter den kommerziellen Online-Diensten. AOL war bisher nur in den USA und Kanada verfügbar, plant aber eine Ausweitung nach Europa mit Angeboten in der jeweiligen Landessprache.[9] Zu diesem Zweck wurde die AOL/Bertelsmann Online GmbH & Co. KG gegründet, an der AOL und Bertelsmann jeweils zu 50% beteiligt sind. In Deutschland ist AOL am 28. November gestartet, der englische und französische Dienst befinden sich momentan im Beta-Test. Als Zielgruppe sieht man Selbständige und zunehmend vor allem Privatanwender. Die Inhalte kommen auch bei AOL von unabhängigen Drittbietern, der Schwerpunkt liegt auf Information und Unterhaltung. Die Zahl der Content-Provider liegt momentan bei ca. 1000. Wie CompuServe arbeitet auch AOL mit einem dateiorientierten System, was die Integration kleinerer Content Provider schwierig gestaltet.[10] Die Gebühr beträgt 9,90 DM inkl. zwei freier Online-Stunden, jede weitere Stunde kostet 6,– DM. Eine Erhebung leistungsbezogener Entgelte ist nicht möglich.

2.3.4 Microsoft Network

Zeitgleich mit dem Betriebssystem Windows 95 brachte die Softwarefirma *Microsoft* im September 1995 den Online-Dienst Microsoft Network (MSN) auf den Markt. Die Zugangssoftware zu MSN wurde in Windows 95 integriert, so daß jedem Anwender von Windows 95 sofort, sofern er ein Modem besitzt, der Zugang zu MSN möglich ist. Diese Tatsache brachte *Microsoft* eine Untersuchung der amerikanischen Kartellbehörde ein, die untersuchte, ob Microsoft unerlaubte Vorteile aus seiner Monopolstellung im Betriebssy-

---

[9] Zur Geschichte und Strategie von AOL s. *Nollinger, Mark*: America, Online!, in: Wired 3 (1995), No. 9, [URL: http://www.hotwired.com/wired/3.09/features/aol.html].
[10] Vgl. *MGM MediaGruppe München* (Hrsg.): Marktübersicht Online-Dienste – Zehn in- und ausländische Systeme im Vergleich, Kommunikations-Kompendium, Band 5, München: Selbstverlag, 1995.

steme Markt erlangt. Die Auslieferung der MSN Zugangssoftware zusammen mit Windows 95 wurde allerdings nicht untersagt. Gegenwärtig ist MSN nur in den USA, Kanada sowie in einigen Ländern Europas mit Zugangsknoten vertreten, ein zügiger Ausbau des Systems bis hin zu einer globalen Präsenz ist geplant. Im Vergleich der Online-Dienste basiert das Microsoft Network auf der modernsten Technik. „Das MSN präsentiert sich dem Anwender als eine vollständig in Windows integrierte Umgebung, in der er Online-Funktionen mit der gewohnten Windows-Oberfläche steuern kann. Funktionen wie Dateitransfer und E-Mail sind dabei in die entsprechenden Windows-Programme integriert und unterscheiden sich nicht von der Behandlung von Dateien auf der lokalen Festplatte."[11] Dieser Umstand führte dazu, daß *Microsoft* die Zielgruppe des MSN nicht nur in den computerinteressierten Anwendern sieht, sondern auch in Privatanwendern mit geringerem technischen Verständnis sowie im SOHO[12] Bereich. Den derzeit 500.000 Abonnenten stehen eine Reihe von Inhalten zur Verfügung, die von Content Providern oder von *Microsoft* selbst angeboten werden. Bis zum Start im September konnte *Microsoft* 45 Deutsche Content-Provider gewinnen. Hiervon sind jedoch noch nicht alle aktiv geworden. Für die Refinanzierung der Content Provider stehen eine Vielzahl von Möglichkeiten zur Verfügung, von zeitabhängigen Entgelten bis zum Verkauf von Abo's für einzelne Angebote. Auf Wunsch übernimmt *Microsoft* das Inkasso. Die Nutzungsgrundgebühr beträgt 14 DM für 2 Stunden, jede weitere Stunde wird mit 7,50 berechnet.

2.3.5 eWorld

Der Online-Dienst eWorld des Computerherstellers *Apple* existiert seit 1994 und richtet sich vorrangig an Anwender des Apple Macintosh. Eine Portierung der Frontend-Software auf andere Plattformen ist zwar geplant, Aufmachung und Inhalt sind aber klar auf Macintosh Systeme zugeschnitten. Seit Ende 1995 ist eWorld auch in Deutschland verfügbar. Technisch basiert eWorld auf von AOL lizensierter Software, die um ein von Apple entwickeltes leistungsfähiges Publishing Tool für Content Provider erweitert wurde.

Als Zielgruppe sieht man den Privatanwender sowie die Publishing- und Multimedia-Branche, in der Apple-Systeme traditionell stark vertreten sind. Aus diesem Bereich kommen auch die meisten der 350 Content Provider, die eigene Inhalte in eWorld anbieten. In

---

[11] *MGM MediaGruppe München* (Hrsg.): Marktübersicht Online-Dienste – Zehn in- und ausländische Systeme im Vergleich, Kommunikations-Kompendium, Band 5, München: Selbstverlag, 1995, S. 87.
[12] Als Smal Office Home Office (SOHO) wird hauptsächlich der Bereich der Selbstständigen und Telearbeiter bezeichnet.

Europa kostet eWorld $8,95 pro Monat inkl. zwei freier Online Stunden, jede weitere Stunde schlägt ebenfalls mit $8,95 zu Buche.

2.3.6 Europe Online

Europe Online war der Versuch einen eigenständigen europäischen Online-Dienst aufzubauen. Geplant war ein, auf der von AT&T lizensierten Interchange Software basierender Dienst mit Inhalten in der jeweiligen Landessprache. Die ursprünglichen Hauptgesellschafter von Europe Online S. A. waren der deutsche Burda Verlag, die englische Pearson Group, sowie Matra-Hachette aus Frankreich. Nach dem Ausstieg der letzten Beiden sowie technischer und organisatorischer Probleme wurde die Idee eines eigenständigen Online-Dienstes im Herbst 1995 schließlich verworfen.[13] Die verbliebenen Gesellschafter positionierten Europe Online daraufhin zu einem im Internet integrierten Dienst um. Ende Januar ist Europe Online offiziell als Internet Service-Provider mit 200 Einwahlknoten an den Start gegangen. Da Europe Online zum Zeitpunkt der Erstellung dieser Arbeit noch nicht am Markt war und nicht abzuschätzen war, wann und in welcher Form ein Markteintritt erfolgen würde, wird Europe Online im Folgenden nicht weiter berücksichtigt.

2.3.7 Internet

Das Internet, als Netz der Netze, weicht zwangsläufig von der bisher gewählten Klassifizierung ab. Ca. 40 Mio. Teilnehmer in derzeit 150 Ländern haben Zugriff auf einige oder alle Dienste des Internet.

Der Zugang erfolgt vom Arbeitsplatz oder der Hochschule aus (theoretisch hat jeder eingeschriebene Student das Recht auf einen kostenlosen Internet Zugang), bzw. von Zuhause per Modem über private Service-Provider. Die anfallenden Kosten sind deshalb unterschiedlich und hängen von der Art des Zugangs ab. Die genaue Anzahl der Teilnehmer kann nur geschätzt werden, in Deutschland gehen Experten von ca. 1 Mio. Nutzern aus.[14]

Für die einzelnen Dienste des Internet werden jeweils eigene Programme benötigt, die Installation und Benutzung erfordert vom Anwender mehr Kenntnisse als die Software der kommerziellen Online-Dienste. Der Vorteil ist allerdings die dadurch ermöglichte Flexibilität des Internet. Welche Programme zur Benutzung der Dienste eingesetzt werden

---

[13] Vgl. o. V.: Burda wirft das Handtuch ins Internet, in: multiMedia Telegramm, 15.11.1995, [URL: http://www.hightext.de/burda.html].

[14] S. MediaWare (Hrsg.): Online – Vor- und Nachteile, Nutzer, Rechtsfragen, Entwicklungen/Tendenzen, Dienste im Vergleich, Frankfurt/Main: Selbstverlag, 1995, S. 67, näheres zur Anzahl der Internet Nutzer in 2.5.1.

bleibt dem persönlichen Geschmack des Anwenders überlassen, die Auswahl an unterschiedlichen Clients ist beträchtlich. Außerdem kann jeder neue Dienste „erfinden" und die dafür benötigte Software direkt übers Netz distribuieren. Zunehmend kommen aber auch „All in One" Pakete auf den Markt, die auch dem weniger ambitionierten Teilnehmer eine einfache Benutzung der Internet-Dienste erlaubt.

Was die Inhalte betrifft, bietet das Internet mit Abstand die größte Auswahl. Hochschulen, Politische Parteien, Glaubensgemeinschaften und staatliche Institutionen der westlichen Welt sind vertreten. Darüber hinaus zehntausende Unternehmen und Non-Profit Organisationen, sowie Privatpersonen mit eigenen Inhaltsangeboten.[15]

2.4 Vergleichbare Dienste

Die einzelnen Online-Dienste unterscheiden sich in der Benutzerführung und den verfügbaren Inhalten teilweise beträchtlich. Jedes System hat seine Besonderheiten sowie spezifische Stärken und Schwächen. Die Dienste, die sie anbieten, ähneln sich jedoch und lassen sich in die, in diesem Abschnitt dargestellten Kategorien zusammenfassen. Einen Überblick liefert Darst. 2.

Darst. 2: Übersicht verfügbarer Dienste

	AOL	CompuServe	MSN	eWorld	T-Online	Internet
Elektronische Post	ja	ja	ja	ja	beschränkt	ja
Datentransfer	integriert	integriert	integriert	integriert	nur umständlich möglich	FTP-Server
Diskussionsplattformen	viele	viele	einige	einige	wenige	sehr viele
Konferenzsysteme	Chat	CB-Simulator	Chat	Chat	Teledialog	IRC
Einkaufspassagen	ja	ja	ja	ja	ja	ja
Telebanking	nein	nein	geplant	nein	ja	bedingt
Online-Spiele	MUDs, Foren	MUDs, Foren	geplant	geplant	Quiz	MOOs, MUDs etc.
Informationssysteme	Such-Indices	externe Datenbanken	Datenbanken	geplant	externe Datenbanken	WWW, WAIS, Gopher, Veronica

Darüber hinaus bieten alle Online-Dienst, mit Ausnahme von MSN, Zugang zum Internet. Welche Dienste des Internet genutzt werden können ist von Online-Dienst zu Online-Dienst verschieden. Alle planen aber für die Zukunft einen vollständigen Zugang zu allen Diensten des Internet zu schaffen.

---

[15] Die genaue Zahl ändert sich täglich, für einen aktuellen Überblick s. *Yahoo!*: [URL: http//www.yahoo.com].

2.4.1 Elektronische Post

„Elektronische Post ist definiert als Informationsaustausch, der mittels Computern über Telekommunikationsnetze (auch LANs) nach dem ‚Store-and-Forward'-Prinzip, also mit Zwischenspeicherung, realisiert wird. Da E-Mail die verschiedensten Formen von Nachrichtenaustausch umfaßt (Text, Daten, Graphiken usw.), ist dieser Dienst als Plattform für die unterschiedlichsten Anwendungen geeignet."[16] Jeder Online-Dienst bietet in seinem System E-Mail an, es ist der meistgenutzte Dienst überhaupt. Jedes Mitglied erhält eine eigene E-Mail Adresse unter der es weltweit auch von den Mitgliedern anderer Online-Dienste erreicht werden kann.

Den wichtigsten auf E-Mail aufbauenden Dienst stellen Mailinglisten dar. Hier wird in der Art eines Serienbriefs eine Nachricht oder eine Vielzahl verschiedener Nachrichten an mehrere Adressaten verschickt. Fungiert als Absender keine natürliche Person, sondern ein als Listserver bezeichneter Computer, so lassen sich damit Gruppendiskussionen realisieren. Jeder, der etwas zur Diskussion beitragen möchte, schickt seine Nachricht an die Adresse des Listservers, der diese dann an alle weiterleitet, die als Abonnenten dieser Mailinglist registriert sind. Es existieren momentan über 4000 verschiedene Mailinglisten.[17]

Mit elektronischer Post können aber nicht nur Nachrichten, sondern auch Dateien transportiert werden. Nahezu jeder Mail-Client[18] erlaubt es Text oder Binär Dateien einer Nachricht „anzuhängen", so daß ein Datenaustausch auf einfache Art realisiert werden kann.

2.4.2 Datentransfer

Neben dem Verschicken von Dateien per E-Mail hat sich noch eine andere Art des Datentransfers herausgebildet. Dem Anwender bietet sich die Möglichkeit für ihn interessante Dateien und natürlich auch ganze Programme aus dem System herunterzuladen. In den kommerziellen Online-Diensten existieren thematisch sortierte Bibliotheksbereiche, die eine Vielzahl von Software beinhalten. Bereitgestellt wird die Software entweder vom Betreiber des Online-Dienstes, von externen Firmen die als Content Provider fungieren, oder auch, sofern es sich um Shareware handelt, per Upload von einzelnen Mitgliedern.

---

[16] *Stoetzer, Mathhias-W.* Neue Telekommunikationsdienste – Stand und Perspektiven ihres Einsatzes in der deutschen Wirtschaft, in: IFO-Schnelldienst (1994), Nr. 7, S. 15.

[17] Zur Funktionsweise von Listservern s. *Maier, Gunther/Wildberger, Andreas:* In 8 Sekunden um die Welt – Kommunikation über das Internet, 2. Aufl., Bonn u.a.: Addison Wesley, 1994, S. 34-40.

[18] So werden Programme bezeichnet, die das Erstellen, Aufbewahren und Verschicken von elektronischer Post übernehmen.

In T-Online existieren aufgrund der Seitenstruktur keine Software-Bibliotheken, hier muß direkt auf die Seite des jeweiligen Anbieters navigiert werden. Software, die (meist gegen Entgelt) zum Transfer auf den eigenen Rechner zur Verfügung steht, wird hier als Telesoftware bezeichnet.[19]

Aufgrund der dezentralen Struktur des Internet existiert auch hier kein zentrales Softwarearchiv. Jeder Teilnehmer, der Software zur Verfügung stellen will, muß einen sogenannten FTP-Server unterhalten. Auf diesen kann dann mittels eines FTP-Clients zugegriffen werden und Dateien auf den eigenen Computer kopiert werden. Da nun niemand weiß, welche Software sich auf welchem FTP-Server befindet, und die Zahl der FTP-Server in die Tausende[20] geht, sind Suchprogramme wie Archie entwickelt worden, mit denen das Auffinden eines bestimmten Files möglich ist.[21]

Der Datentransfer über Online-Dienste und Internet hat sich mittlerweile zu einem vielgenutzten Vertriebsweg für Software entwickelt. Die Bezahlung erfolgt über Seitengebühren (BTX), Kreditkarte oder im Falle von Shareware über das Shareware Registration Center (CompuServe). Der Firma Netscape ist es z.B. durch konsequente Verbreitung ihres Programmes Netscape Navigator über das Internet gelungen unumstrittener Marktführer im Segment der WWW-Browser (s. 2.4.8) zu werden.

2.4.3 Diskussionsplattformen

Diskussionsplattformen tragen in jedem System einen anderen Namen (Foren, CompuServe; Bulletin Boards, MSN; Newsgroups, Internet; etc.), sind aber außer bei T-Online immer ein elementarer Bestandteil des Angebotes. Jeder Diskussionsplattform ist ein eigenes Thema zugeordnet, per E-Mail kann man sich an der Diskussion beteiligen. Im Unterschied zu Mailinglisten sind die Beiträge für jeden zugänglich, und werden nicht per Mail verschickt, sondern stellen einen eigenen Bereich innerhalb des Systems dar. Da jeder Beitrag eine Kurzfassung im Titel haben muß, kann man nicht nur chronologisch blättern, sondern auch gezielt noch Themen suchen. Die bekannteste Diskussionsplattform sind

---

[19] Näheres zu Telesoftware s. *Bartel, Andreas*: Online-Anwendungen nutzen mit Datex-J/Bildschirmtext – Homebanking, Teleshopping, Container-Welt, Electronic Mail, Bonn u.a.: Addison-Wesley, 1994, S. 229-243.
[20] Anzahl FTP-Server laut GUV.
[21] Zur Funktionsweise und Verwendung von Archie vgl. *Dern, Daniel P.*: The Internet Guide for New Users, New York a.o.: McGraw-Hill, 1994, pp. 330-345.

die über 6000 Newsgroups des Internet, wo Teilnehmer aus allen Teilen der Erde über teilweise sehr spezialisierte Themen diskutieren.[22]

Die Tatsache, daß es neben dieser unmoderierten Form auch die Möglichkeit der Übernahme einer Diskussionsplattform durch eine Person oder Institution gibt, haben sich vor allem Computerfirmen zu Nutze gemacht. Sie bieten auf diesem Wege Support für ihre Kunden an. „Dieser zeitversetzte Support über Online-Systeme spart auf beiden Seiten Zeit: Der Anwender muß nicht stundenlang auf eine freie Leitung einer überlasteten Hotline warten und die Online-Supporter können häufig wiederkehrende Anfragen mit vorformulierten Lösungshilfen beantworten."[23] CompuServe und zunehmend auch das MSN haben hier ihren Wettbewerbsvorteil, da nahezu die gesamte Hard- und Softwarebranche mit Support Foren vertreten ist.

2.4.4 Konferenzsysteme

Das Bedürfnis nach Kommunikation und die Tatsache, daß alle Nutzer eines Online-Dienstes physikalisch auf einem Zentralrechner eingeloggt sind, führte zur Entwicklung von Online-Konferenzsystemen (Chat). Auf unterschiedlichen Kanälen kann man via Bildschirm und Tastatur mit anderen Mitgliedern, die momentan Online sind, kommunizieren. Chat-Systeme können also als eine Art Schriftliche Telefonkonferenz bezeichnet werden.[24] Die Anzahl der Teilnehmer ist theoretisch unbegrenzt, manche System Betreiber setzen allerdings eine Höchstgrenze. Darüber hinaus gibt es auch die Möglichkeit auf einem privaten Kanal nur mit einem Teilnehmer in Kontakt zu treten.

Konferenzsysteme sind die unmittelbarste Form der Computer-Mediated Communication (CMC) und ziehen ihre Faszination aus der Anonymität des Einzelnen sowie der Schaffung eines imaginären gemeinsamen Kontextes, der nur aus geschriebenen Worten besteht.[25]

Auch im dezentralen Internet ist Chat möglich, hier heißt der Dienst IRC (Internet Relay Chat). Wer über genügend Bandbreite sowie über eine an den Computer angeschlossene Videokamera samt Mikrofon verfügt, kann im Internet sogar schon Videokonferenzen durchführen.

---

[22] Vor allem in den Bereichen sci. und soc. finden noch Diskussionen unter Wissenschaftlern statt.

[23] *MGM MediaGruppe München* (Hrsg.): Marktübersicht Online-Dienste – Zehn in- und ausländische Systeme im Vergleich, Kommunikations-Kompendium, Band 5, München: Selbstverlag, 1995, S. 24.

[24] S. *Kiefer, Thomas*: Das Internet im Wandel vom Nischenmedium zum Publikumsmedium, Magisterarbeit, München, [URL: http://www.ifkw.uni-muenchen.de/~kiefer/TEXT/WANDEL/contents.htm], 1995.

[25] S. *Rheingold, Howard*: Virtuelle Gemeinschaft – Soziale Beziehungen im Zeitalter des Computers, (The Virtual Community, dt.), übers. von Dagmar Schulz/Dieter Strehle, Bonn u.a.: Addison-Wesley, 1994, S. 219.

2.4.5 Einkaufspassagen

Die kommerziellen Online-Dienste fassen Anbieter, die Produkte direkt zum Verkauf anbieten, innerhalb des Systems zu sogenannten Shopping Malls zusammen. Shopping Malls sind eigentlich kein eigenständiger Dienst, sondern nur ein Bereich des Systems. Die Anzahl der Firmen, die Produkte über Online-Dienste vertreiben ist noch gering. Zusätzlich zur prozentualen Beteiligung der Online-Dienste am Umsatz, hindert die noch beschränkte Darstellungsqualität die Entwicklung von Online-Diensten als Distributionskanal.

Im Internet haben sich einige Händler freiwillig zu Shopping Malls zusammengeschlossen. Die besseren Darstellungsmöglichkeiten und die Flexibilität des Systems könnten hier mittelfristig interessante Optionen entstehen lassen.[26] Das größte Hindernis ist die unsichere Übertragung der Daten im Netz.

2.4.6 Telebanking

Telebanking ist in Deutschland bisher nur über T-Online möglich. Einige amerikanische Banken und die österreichische *PSK*-Bank bieten Telebanking über Internet an. Die Sicherheitsproblematik bei Übertragungen im Internet läßt eine weitere Verbreitung jedoch unwahrscheinlich erscheinen.[27] Microsoft plant Telebanking über MSN verfügbar zu machen.

Telebanking ermöglicht es dem Kunden sämtliche Finanztransaktionen (Überweisungen, Daueraufträge etc.) Zuhause am eigenen Computer durchzuführen. Fast alle deutschen Banken bieten Telebanking über T-Online an, meist sogar zu geringeren Kontoführungsgebühren. Das interessante an dem bei T-Online verwendeten System ist, daß die Finanzsoftware (Intuit Quicken, MS Money) den Online-Dienst nur als Transfernetz benutzt. D.h. der Anwender kommt mit T-Online nicht in Berührung, die Software wählt den Dienst im Hintergrund an, übergibt die Daten, und verläßt ihn automatisch wieder. Eine Interaktion auf Seiten des Nutzers kommt nicht zustande. Man geht davon aus, daß über 50% T-Online nur zum Telebanking nutzen, die hohen Teilnehmerzahlen müssen vor diesem Hintergrund betrachtet werden.[28]

---

[26] Näheres hierzu im Kapitel 5.3.2.2 Verkaufsförderung für virtuelle Shops.

[27] Für eine ausführliche Darstellung s. *Crede, Andreas*: Electronic Commerce and the Banking Industry: The Requirement and Opportunities for New Payment Systems Using the Internet, in: Journal of Computer Mediated Communication, Special Issue on Electronic Commerce 1 (1995), No. 3, [URL: http://www.usc.edu/dept/annenberg/vol1/issue3/crede.html].

[28] Vgl. *MGM MediaGruppe München* (Hrsg.): Marktübersicht Online-Dienste – Zehn in- und ausländische Systeme im Vergleich, Kommunikations-Kompendium, Band 5, München: Selbstverlag, 1995, S. 23.

2.4.7 Online-Spiele

Die Möglichkeiten Online-Dienste zum Spielen zu benutzen sind noch relativ dürftig. Obwohl in der puren Unterhaltung wahrscheinlich die größten Potentiale für kommerzielle Anbieter liegen ist man über einfache Rollenspiele noch nicht hinausgekommen. Keine virtuellen Formel 1 Rennen mit Gegnern vom anderen Ende der Welt oder Grafik Adventures mit hunderten von Spielern gleichzeitig.

Im Internet haben rein auf Text basierende Rollenspiele eine große und begeisterte Anhängerschaft. In einem solchen sogenannten MUD (Multi-User-Dungeon – aber auch engl. für Schlamm) können mehrere Spieler gleichzeitig in einer durch Worte beschriebenen Spielumgebung interagieren. „MUDs sind imaginäre Welten, die in Datenbanken errichtet werden. Wörter und Programmiersprachen werden eingesetzt, um Melodramen zu improvisieren, Welten und all ihre Objekte aufzubauen, Rätsel zu lösen, Vergnügungen und Werkzeuge zu erfinden, um Ansehen und Macht zu ringen, Wissen zu erwerben, Rache zu üben und sich seinen Trieben, gewalttätigen Impulsen und seiner Habgier hinzugeben."[29] Diese Beschreibung von *Rheingold* charakterisiert den Variantenreichtum der über 200 derzeit aktiven MUDs. Jeder Spieler bekommt zu Beginn eine Spielfigur, die er durch Kommandos durch die virtuelle Spielumgebung steuert. „Im Laufe des Spiels kann die Spielfigur sich durch geschicktes Handeln zusätzliche nützliche Eigenschaften (Fähigkeiten) ‚verdienen', und ist dann den neuangekommenen Spielern überlegen. Je weiter der Spieler voranschreitet, um so mehr kann er auch die gemeinsame Spielumgebung zu seinen Gunsten verändern."[30] Es ist zu erwarten, daß MUDs demnächst um grafische Darstellungsmöglichkeiten erweitert werden und dann noch mehr regelmäßige Teilnehmer anziehen werden.

2.4.8 Informationssysteme

Um die Vielzahl der zur Verfügung stehenden Informationen für die Nutzer überschaubar zu halten, sind ab einem gewissen Umfang bestimmte Systeme nötig. Online-Dienste bieten beispielsweise Suchmechanismen, die den Inhalt des ganzen Systems nach bestimmten Schlüsselwörtern absuchen. Die Inhaltsanbieter werden außerdem in Bereiche eingeteilt, so daß ein gezieltes „stöbern" im System möglich ist. Wie die einzelnen Inhalte

---

[29] *Rheingold, Howard*: Virtuelle Gemeinschaft – Soziale Beziehungen im Zeitalter des Computers, (The Virtual Community, dt.), übers. von Dagmar Schulz/Dieter Strehle, Bonn u.a.: Addison-Wesley, 1994, S.183.
[30] *Kiefer, Thomas*: Das Internet im Wandel vom Nischenmedium zum Publikumsmedium, Magisterarbeit, München, [URL: http://www.ifkw.uni-muenchen.de/~kiefer/TEXT/WANDEL/contents.htm], 1995.

aufbereitet sind, hängt vom jeweiligen Online-Dienst ab. CompuServe und AOL sind nach einer Foren-Struktur aufgebaut. D.h. ein Anbieter erhält einen eigenen Bereich, in dem er dann seine Informationen, in den technischen Grenzen des Systems, aufbereitet darstellen kann. Dieser Bereich kann auch andere Dienste, wie z.B. Chat oder Datentransfer, mitbeinhalten. In CompuServe und T-Online sind darüber hinaus eine Reihe externer Datenbankanbieter vertreten, deren Inhalte gegen Gebühr genutzt werden können.

Die größte Anzahl verschiedener Inhalte beinhaltet das Internet. Durch die dezentrale Struktur liegt das größte Problem im Auffinden der Informationen. Hierzu sind in der Vergangenheit eine Reihe von Werkzeugen entwickelt worden. Die wichtigsten sind Gopher, WAIS und Veronica. Sie verfolgen unterschiedliche Ansätze und dienen teilweise zur Anzeige der Information, teilweise nur zum Auffinden weiterführender Informationsquellen. 1991 wurde im CERN in der Schweiz mit der Entwicklung von HTTP (Hypertext Transfer Protocol) der Grundstein für das World Wide Web gelegt. „Technisch gesehen ermöglicht HTTP die Integration der verschiedenen anderen Internet Dienste in Multimedia-Präsentations-Anwendungen."[31] Dieser meist WWW abgekürzte Dienst erlaubt eine ansprechende Aufbereitung multimedialer Inhalte sowie deren assoziative Verknüpfung miteinander. Das World Wide Web ist für das explosionsartige Wachstum des Internet innerhalb der letzten zwei Jahre verantwortlich. Dienste wie Gopher oder WAIS werden vom WWW sukzessive substituiert werden, weshalb auf sie nicht näher eingegangen werden soll.[32] Das WWW spielt für die Zukunft der Datenkommunikation eine Schlüsselrolle, in verschiedenen Teilen dieser Arbeit wird auf das WWW noch genauer eingegangen.

2.5 Teilnehmer

Die Attraktivität der einzelnen Systeme für die Marketing-Kommunikation hängt entscheidend von der Anzahl, der in ihnen erreichbaren Personen sowie deren Profil ab. Repräsentative Aussagen, insbesondere über deutsche Teilnehmer, sind indes nur schwer möglich.

---

[31] *Kiefer, Thomas*: Das Internet im Wandel vom Nischenmedium zum Publikumsmedium, Magisterarbeit, München, [URL: http://www.ifkw.uni-muenchen.de/~kiefer/TEXT/WANDEL/contents.htm], 1995.

[32] Für eine Einführung in Gopher und die anderen Informationsdienste s. *Gilster, Paul*: Der Internet-Navigator (The Internet Navigator, dt.), o.Ü, München/Wien: Hanser Verlag, 1994, S. 347-405.

2.5.1 Entwicklung der Nutzerzahlen

Das Wachstum kommerzieller Online-Dienste verläuft exponentiell. Die Zahl der Abonnenten hat sich seit 1988 in etwa alle zwei Jahre verdoppelt. Die Entwicklung der einzelnen Systeme zeigt Darst. 3. CompuServe und AOL melden weltweit 300.000 - 400.000 neue Mitglieder pro Monat. Bei CompuServe entfallen hiervon 20.000 auf Deutschland, diese Zahl gibt auch die Telekom als monatliches Wachstum von T-Online an. Bei der Bewertung

Darst. 3: Teilnehmerentwicklung kommerzieller Online-Dienste

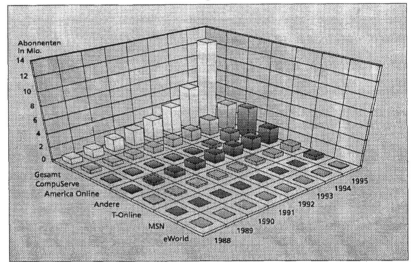

Quelle: *MGM MediaGruppe München* (Hrsg.): Marktübersicht Online-Dienste – Zehn in- und ausländische Systeme im Vergleich, Kommunikations-Kompendium, Band 5, München: Selbstverlag, 1995, S. 20, ergänzt um aktuelle Zahlen.

der Nutzerzahlen muß berücksichtigt werden, daß ein Zugang häufig von mehreren Personen genutzt wird. Die Telekom meldete bei 700.000 Abonnenten bereits zwei Millionen Benutzer.[33] AOL bietet die Möglichkeit mit einem Zugang fünf individuelle Accounts inklusive eigener E-Mail Adresse einzurichten. Die Anzahl der aktiven Accounts läßt aber auch nur bedingt Rückschlüsse auf die tatsächliche Zahl der Nutzer zu. Viele AOL-Mitglieder nutzen die Möglichkeit der Mehrfachaccounts, um sich Synonyme für verschiedene Situationen zuzulegen.

---

[33] Vgl. *MediaWare* (Hrsg): Online – Vor- und Nachteile, Nutzer, Rechtsfragen, Entwicklungen/Tendenzen, Dienste im Vergleich, Frankfurt/Main: Selbstverlag, 1995, S. 97.

Die Entwicklung des Internet verläuft noch steiler, als die der kommerziellen Online-Dienste. Seit 1981 hat sich die Zahl mit dem Netz verbundener Computer (Hosts) jedes Jahr verdoppelt. Die Entwicklung verläuft in den einzelnen Ländern unterschiedlich schnell. In den USA ist 1995 ein Abflachen des Wachstums auf 80% eingetreten. Durch überproportionales Wachstum in anderen Ländern wird dies jedoch ausgeglichen, so daß sich für das gesamte Internet auch 1995 eine Verdoppelung ergeben hat.[34] Die *Internet Domain Survey* ergab im Juli 1995 ca. 5,5 Mio. ans Internet angeschlossene Hosts.[35]

Um nun die Gesamtteilnehmerzahl des Internet zu ermitteln ist die Frage zu klären, wieviele individuelle Nutzer an jeden dieser Hosts angeschlossen sind. Dies läßt sich aber leider nicht genau feststellen. Die Bandbreite der Möglichkeiten reicht von nur einem Nutzer, beispielsweise in einem Institut, bis zu mehreren Tausend, beispielsweise bei Service-Providern die Privatleuten Zugang zum Netz verschaffen. Zwischen 3,5 und 10 Nutzer pro Host galt bis 1995 als realistische Schätzung. Bedingt durch die Veränderungen der letzten Zeit, insbesondere durch die fortschreitende Verbreitung in Privathaushalten, ist eine verläßliche Prognose jedoch nicht mehr möglich.[36] Während also die Anzahl der Hosts durch im Netz ausgeführte Untersuchungen hinreichend genau bestimmt werden kann ist die Zahl der Teilnehmer nur durch Marktforschung außerhalb des Netzes ermittelbar. Obwohl die genaue Teilnehmerzahl also nicht bekannt ist, herrscht weitgehend Einigkeit darüber, daß sie sich alle ein bis zwei Jahre verdoppelt.

Neben der Anzahl der Teilnehmer ist vor allem wichtig, welche Dienste sie nutzen können. Durch die verschiedenen Anschlußmöglichkeiten ans Internet stehen nicht jedem alle Dienste zur Verfügung. *Quarterman/Carl-Mitchell* unterscheiden drei Gruppen von Nutzern.[37] Auch wenn ihre Zahlen aufgrund der verwendeten Ermittlungsmethode von vielen als zu niedrig angesehen werden, kann ihr Modell (Darst. 4) gut zur Verdeutlichung dienen.[38]

Zur *Matrix* werden all diejenigen gezählt, die von ihrem Computer aus E-Mails senden und empfangen können sowie in der Lage sind an Newsgroups (Diskussionsplattformen) teilzunehmen. Da hierzu kein direkter Internet-Anschluß notwendig ist, stellt die *Matrix*

[34] S. *Bournellis, Cynthia*: Internet '95 – The Internet's Phenomenal Growth ist Mirrored in Startling Statistics, in: Internet World 6 (1995), No. 11, p. 47.
[35] *Lotter, Mark K.*: Internet Domain Survey, [URL: http://www.nw.com/zone/WWW/report.html], 1995.
[36] *Wiggins, Richard W.*: Guessing Game, in: Internet World 6 (1995), No.11, p. 50.
[37] S. *Quaterman, John S./Carl-Mitchell, Smoot*: What is the Internet, Anyway?, in: Matrix News 4 (1994), No. 8, [URL: gopher://gopher.mids.org/00/matrix/news/v4/what.408].
[38] Vgl. beispielsweise die Kritik v. *Hoffmann, Donna L./Novak, Thomas P.*: How Big Is the Internet?, [URL: http://www.2000.ogsm.vanderbilt.edu/how.big.wired.html], 1994.

die größte Gruppe dar. Alle, die einen vollwertigen Internet-Anschluß besitzen und somit in der Lage sind interaktive Dienste, wie beispielsweise das WWW zu nutzen, werden von *Quarterman/Carl-Mitchell* als *Consumer Internet* bezeichnet. Dies ist die für die Marketing-Kommunikation relevante Gruppe, da sie technisch in der Lage ist die Online-Präsenzen der Unternehmen (s. nächstes Kapitel) anzunavigieren.

Eine von August bis September 1995 von *CommerceNet/Nielsen* in den USA und Kanada durchgeführte repräsentative Telefon-Umfrage ergab, daß 8% der Gesamtbevölkerung ab 16 Jahren (18 Mio. Menschen) in den letzten drei Monaten das World Wide Web genutzt

Darst. 4: Drei Gruppen von Internet Nutzern

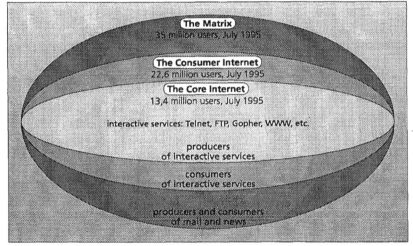

Quelle: *Matrix Information & Directory Services (MIDS)*: Three Levels of Users – Projections for July 1995 of Users of the Matrix and the Internet, [URL: http://www.mids.org/mids/big957.html], 1995

haben. Die USA und Kanada sind für etwas mehr als die Hälfte der ans Internet angeschlossenen Hosts verantwortlich. Da in diesen Ländern die private Internet-Nutzung über Service-Provider schon stärker verbreitet ist als im Rest der Welt kann, um die Anzahl der weltweiten Internet Teilnehmer mit Zugang zum WWW zu ermitteln, diese Zahl aber nicht einfach verdoppelt werden. Trotzdem ist auf Grundlage der *CommerceNet/Nielsen* Studie zum ersten Mal eine seriöse Schätzung, der für die Marketing-Kommunikation relevanten Gruppe der WWW-Nutzer möglich. Sie dürfte Ende 1995 etwa 25-30 Mio. Menschen umfassen.

Die dritte und kleinste Gruppe ist das *Core Internet*. Ihr gehören alle an, die interaktive Dienste nicht nur nutzen, sondern auch anbieten können. Betreiber einer Homepage im WWW oder eines FTP-Servers gehören beispielsweise zu dieser Gruppe. Da Service-Provider ihren Kunden als Teil des Standard Abonnements zunehmend die Möglichkeit bieten eine eigene Homepage einzurichten, ist zu erwarten, daß *Core Internet* und *Consumer Internet* sich größenmäßig annähern werden.

Wieviele Internet Teilnehmer es in Deutschland gibt, ist schwer zu sagen. Die einzige repräsentative Studie, in der Internet Nutzung abgefragt wurde, der *MC Online-Monitor*, ergab 310.000 Nutzer.[39] Angesichts der 300.000 in Deutschland registrierten Hosts ist diese Zahl sicher zu niedrig angesetzt, die in den Medien kursierenden 1,4 Millionen sind allerdings auch mit Vorsicht zu betrachten. Hier werden nämlich alle Teilnehmer der kommerziellen Online-Dienste pauschal mitgerechnet. CompuServe, AOL und T-Online bieten zwar alle Internet Zugang an, doch impliziert dies nicht automatisch auch die Nutzung. Von den 970.000 T-Online Abonnenten arbeiten viele noch mit einem 2400 bit/s Modem, womit bestenfalls E-Mail und Newsgroups realisiert werden können. Sie gehören also zur *Matrix* und sind von daher für die Marketing-Kommunikation nur von nachrangiger Bedeutung. Eine befriedigende Antwort auf die Frage nach der Zahl deutscher Internet Nutzer werden wohl erst für Frühjahr 1996 angekündigte weitere Untersuchungen liefern. Fest steht allerdings, die Entwicklung in Deutschland ist derzeit gewaltig.

2.5.2 Soziodemografische Struktur

Über die Zusammensetzung der deutschen Nutzerschaft kommerzieller Online-Dienste gibt es nur wenig aussagekräftiges Material. Um das Problem kleiner Stichprobenumfänge zu umgehen, wird häufig mit Haushalten oder Modembesitzern anstelle originärer Nutzer gearbeitet. Rückschlüsse auf die tatsächlichen Nutzer sind daher nur sehr eingeschränkt und unter Vorbehalt möglich. Hinzu kommen die 1995 eingetretenen Veränderungen auf der Anbieterseite. Die auf andere Zielgruppen ausgelegten neu in den Markt gestarteten Systeme werden eine Veränderung in der Nutzerstruktur kommerzieller Online-Dienste bewirken. Die zur Verfügung stehenden Zahlen wurden allesamt vor dem Markteintritt der neuen Anbieter erhoben, ihre Aussagekräftigkeit ist daher zeitlich stark begrenzt. Aus diesen Gründen soll hier nur eine kurze Darstellung des Status Quo erfolgen.

[39] s. *MC-Informationssysteme*: MC Online – Monitor – Erste Ergebnisse der Marktuntersuchung, Bad Homburg, 1995, [masch.] S. 6.

Allgemein sind Online-Dienste noch stark männerlastig, nur 24% der deutschen Nutzer sind weiblich. In Amerika liegt der Frauenanteil bereits bei 36%. Innerhalb der Systeme weist T-Online die ausgeglichenste Struktur auf, CompuServe wird hingegen fast ausschließlich von Männern genutzt.

Am weitverbreitetsten sind Online-Dienste in der Gruppe der 25-44jährigen (6,3% aktive Nutzer). Die Verteilung innerhalb der anderen Altersgruppen bis 60 Jahre ist relativ ausgeglichen (2,3-4,3%), Teilnehmer über 60 gibt es fast keine. Diese Angaben decken sich weitgehend mit den amerikanischen Zahlen. Ein signifikanter Unterschied besteht nur in der Anzahl der älteren Teilnehmer. 9% der amerikanischen Nutzer von Online-Diensten sind 55 Jahre oder älter.

Darüberhinaus läßt sich noch sagen, daß die Nutzer von Online-Diensten im Schnitt gebildeter sind als der Durchschnitt der Bevölkerung, über ein höheres Haushaltsnettoeinkommen verfügen und eher in größeren als in kleineren Städten zu finden sind.[40]

Über die Struktur der deutschen Internet Nutzer können keine Angaben gemacht werden. Verläßliche Zahlen, die differenzierte Aussagen erlauben würden, existieren derzeit nicht. Die durch die Presse kursierenden Zahlen basieren allesamt auf Befragungen, die nur im Netz durchgeführt wurden. Wie die *CommerceNet/Nielsen* Studie nachgewiesen hat, liefert diese Art der Marktforschung jedoch keine repräsentativen Ergebnisse.[41] Eine Übertragung der bei Online-Befragungen gewonnen Daten auf alle Internet Nutzer kann zu einer völlig verzerrten Darstellung führen. Berichte über einen Frauenanteil von 6% sind vor diesem Hintergrund zu bewerten.[42]

In Amerika ist man, was die Nutzerforschung betrifft, schon einen Schritt weiter. Die beiden erwähnten repräsentativen Studien sind größtenteils zu übereinstimmenden Ergebnissen gekommen. Da aber völlig unklar ist, inwieweit die Ergebnisse auf den deutschen Markt übertragen werden können, sollen sie hier nur kurz stichpunktartig wiedergegeben werden.

---

[40] Alle Angaben über die deutschen Nutzer aus *MC-Informationssysteme*: MC Online – Monitor – Erste Ergebnisse der Marktuntersuchung, Bad Homburg, 1995, [masch.], Zahlen über die Nutzung in Amerika aus *O'Reilly & Associates*: Difining the Internet Opportunity, Final Study Results, [URL: http://www.ora.com/gnn/bus/ora/info/research/users/results.html], 1995

[41] Parallel zur telefonischen Befragung wurde auch eine Untersuchung im Netz durchgeführt. Die Ergebnisse beider Befragungen wichen teilweise beträchtlich voneinander ab. Vgl. *CommerceNet/Nielsen*: The CommerceNet/Nielsen Internet Demographics Survey – Executive Summary, [URL: http://commerce.net/information/surveys/execsum/exec_sum.html], 1995.

[42] Jüngstes Beispiel: *Eichmeier, Doris*: Deutsche im Internet, in: W&V 32 (1996), Nr. 1-2, S. 16, bzw. Fittkau, Susanne/Maass, Holger: Ergebnisse der World Wide Web-Befragung W3B im Internet, (URL: http://www.w3b.de/W3B-1995/Ergebnisse/Zusammenfassung], 1995.

Das Durchschnittsalter amerikanischer Internet-Nutzer liegt bei 35 Jahren, wobei die Altersgruppen zwischen 18-24 Jahren und 35-44 Jahren überdurchschnittlich vertreten sind. Der größere Anteil junger Nutzer im Vergleich zu Online-Diensten ist durch den hohen Anteil von Studenten mit freiem Zugang bedingt. Der Frauenanteil liegt bei 33%, Tendenz steigend. Was das Einkommen betrifft, lieferten die beiden Studien von einander abweichende Ergebnisse. O'Reilly errechnete ein Durchschnittseinkommen von $66,000, CommerceNet/Nielsen kam auf $75,000. Übereinstimmend wurde ein im Vergleich zur Gesamtbevölkerung höherer Anteil von Personen mit Einkommen über $80,000 festgestellt. Einigkeit herrscht über die Frage der Bildung, erwartungsgemäß wurde ein wesentlich höheres Bildungsniveau als in der Gesamtbevölkerung festgestellt.[43]

2.5.3 Psychografische Kriterien

Da noch nicht einmal Klarheit über die grundlegenden Strukturdaten besteht, ist natürlich auch keine fundierte Aussage über psychografische Kriterien möglich. Nicht unerwähnt soll aber an dieser Stelle eine Sonderauszählung der *Typologie der Wünsche* bleiben, die interessante Angaben über Freizeitverhalten, Mediennutzung, Produktinteresse und Konsumorientierung der befragten Personen liefert. Doch gerade hier liegt das Problem. Als Basis dienen 3,45 Mio. Menschen, die in Haushalten leben, in welchen PC und Modem vorhanden sind bzw. eine Anschaffung innerhalb der nächsten 12 Monate geplant ist.[44] Rückschlüsse auf die Nutzer der einzelnen Systeme sind somit leider nicht möglich. Außerdem werden alle, die Online-Dienste und Internet nicht Zuhause, sondern nur am Arbeitsplatz oder an der Hochschule nutzen nicht berücksichtigt. Wieviele dies in Deutschland tatsächlich sind ist nicht bekannt, in Amerika beträgt der Anteil derer die von Zuhause aus auf Online-Dienste und das Internet zugreifen können jedoch nur 37%.[45]

Da die Relevanz der Ergebnisse für die tatsächliche Nutzerschaft nicht eingeschätzt werden kann, soll auf diese Studie nicht weiter eingegangen werden. Zu erwähnen bleiben

---

[43] Alle Angaben aus: *CommerceNet/Nielsen*: The CommerceNet/Nielsen Internet Demographics Survey – Executive Summary, [URL: http://commerce.net/information/surveys/execsum/exec_sum.html], 1995 und *O'Reilly & Associates*: Difining the Internet Opportunity, Final Study Results, [URL: http://www.ora.com/gnn/bus/ora/info/research/users/results.html], 1995.

[44] Vgl. *Burda Anzeigen–Marktforschung*: Potentiale für Online-Dienste in Deutschland – Bestandsaufnahme 1995 und Ausblick 1996, 2. Kurzbericht, Frankfurt/Main: 1995, [masch.] eine Sonderauszählung aus *TdW Intermedia* (Hrsg): Typologie der Wünsche 1995, Frankfurt/Main: Selbstverlag, 1995.

[45] S. *CommerceNet/Nielsen*: The CommerceNet/Nielsen Internet Demographics Survey – Executive Summary, [URL: http://commerce.net/information/surveys/execsum/exec_sum.html], 1995.

noch die derzeit von amerikanischen Maktforschern unternommenen Versuche Internet Nutzer in bestehende Typologien einzuclustern.[46]

Auch wenn für Deutschland keine gesicherten Daten vorliegen kann angenommen werden, daß sowohl Online-Dienst Nutzer als auch Internet-Nutzer jünger, gebildeter und kaufkräftiger sind als der Schnitt der Bevölkerung. Es ist zu erwarten, daß mit einer fortschreitenden Durchdringung der Gesellschaft diese Kriterien sich in Richtung Durchschnitt der Bevölkerung bewegen werden. Ein demoskopisch ausgewogener Ausschnitt der Gesamtbevölkerung ist jedoch auch für die mittelfristige Zukunft nicht zu erwarten. Alles in allem betrachtet, wächst für die Marketing-Kommunkation eine Zielgruppe heran, die nicht vernachlässigt werden sollte.

2.6 Zukunftsperspektiven

Die zukünftigen Entwicklungen im Bereich der Datenkommunikation sind schwer abschätzbar. Entscheidend für die Marketing-Kommunikation wird die Durchdringungsgeschwindigkeit in privaten Haushalten sein. Diese wird hauptsächlich durch die Entwicklung auf der Anbieterseite der Systeme, den technischen Fortschritt sowie das gesellschaftliche Umfeld determiniert. Entsprechende Tendenzen sollen als Abschluß dieses Kapitels vorgestellt werden.

2.6.1 Entwicklung der Anbieterlandschaft

Die Dynamik des Online-Marktes sowie die erschreckend kurze Halbwertzeit von Aussagen auf diesem Gebiet zeigt sich besonders deutlich bei der Betrachtung von Zukunftsprognosen. Mitte 1995 stellte die *MGM MediaGruppe München* vier mögliche Szenarien für die langfristige Entwicklung des Online-Marktes auf (s. Darst. 5). Heute, Anfang 1996, steht fest, daß Szenario 3 der Realität am nächsten gekommen ist, die prognostizierten Ereignisse sind bereits eingetreten. Zwar hat sich ein universelles Electronic Cash System noch nicht durchgesetzt, die Trennung von Inhalts-Anbietern und Zugangs-Anbietern hat sich aber bereits vollzogen. Das World Wide Web des Internet hat sich als zentrale Plattform der Inhalte durchgesetzt.

---

[46] Vgl. insbesondere *SRI*: Exploring The World Wide Web Populations's Other Half, [URL: http://future.sri.com/vals/vals-survey.results.html], 1995.

Darst. 5: Szenarien zur Entwicklung des Online-Marktes

Szenario 1	Szenario 2	Szenario 3	Szenario 4
Monopoly	Markt der Inhalte	Das Netz der Netze	Geteilte Märkte
In diesem Szenario ist Microsoft der klare Gewinner des Kampfes um Marktanteile und Vorherrschaft im Netz. Es ist hier der technische Vorsprung durch die weite Verbreitung von Windows und Microsoft-Anwendungen, die dem Microsoft Network (MSN) den entscheidenden Marktvorteil verschafften, insbesondere bei der Erschließung neuer Kundengruppen, die bisher keine kommerziellen Online-Services benutzt haben. Wesentlich für dieses Szenario ist, daß das Microsoft Network als integrierter Bestandteil von Windows 95 ausgeliefert wird. Untersagen die US-Gerichte dieses Bundle, muß noch geklärt werden, ob das MSN auch in anderen Ländern getrennt vermarktet werden muß. Wichtigster nächster Punkt ist, wann Homebanking über das MSN verfügbar ist.	In diesem Szenario spielen die Inhalte der Dienste die tragende Rolle. Den Verlagen, insbesondere Burda und Bertelsmann, gelingt es, ein attraktives und jeweils auch exklusives Dienstangebot zu schaffen. In diesem Szenario entscheidet sich der Anwender nicht für einen Dienst, sondern für das inhaltliche Spektrum. Unter Umständen abonniert er sogar mehr als einen Dienst. Das Ergebnis dieses Szenarios ist ein Kopf-an-Kopf-Rennen der Anbieter. Begünstigt würde dieses Szenario durch ein Verbot der gemeinsamen Auslieferung des MSN mit Windows 95 durch die US-Kartellaufsicht.	Dieses Szenario teilt den Online-Markt in drei Bereiche: Anbieter von Zugangsnetzen, Anbieter von Abrechnungssystemen und Anbieter von Inhalten. Egal, welchen Online-Service ein Nutzer auswählt: Durch die globale Vernetzung der Dienste untereinander erhält er Zugang zu allen online verfügbaren Dienstangeboten der Welt. Wichtigstes Element dieses Szenarios ist die Entwicklung eines anbieterunabhängigen Abrechnungssystems, das die gesicherte Abrechnung aller im Netz angebotenen Leistungen erlaubt: Electronic Cash. Ein solches Netz könnte sich aus dem jetzigen Internet entwickeln. In diesem Szenario fällt den Telekommunikationsunter-nehmen und Kabelnetzbetreibern die Rolle der Zugangsanbieter zu, die diesen Sevice wesentlich günstiger anbieten können, als die Betreiber von Online-Diensten.	Dieses Szenario ist Szenario drei sehr ähnlich - mit einer Ausnahme: es geht davon aus, daß die Anbieter von proprietären Online-Diensten auf Dauer eine starke Rolle behaupten können - sofern sie über ein attraktives inhaltliches Angebot verfügen. Es geht weiterhin davon aus, daß eine Vielzahl von neuen Online-Nutzern die Systeme fast ausschließlich für Unterhaltung und zur persönlichen Information nutzen. Spiele, Chat, Homebanking, Shopping und Online-Angebote von Publikumszeitschriften und Fernsehsendern sind die Hauptanwendungen, und die Anbieter wie Bertelsmann und Europe Online sind in der Lage, die Bedürfnisse ihrer Anwender weitgehend zu decken, zumal sie zusätzlich den Zugang zum Internet ermöglichen. Für professionelle Informationsangebote entwickelt sich der Markt wie in Szenario 3 beschrieben: Unabhängige Anbieter von Business-Informationen vertreiben ihre Leistungen im Internet, Electronic Cash ist das Zahlungsmittel.

Quelle: MGM MediaGruppe München (Hrsg.): Marktübersicht Online-Dienste – Zehn in- und ausländische Systeme im Vergleich, Kommunikations-Kompendium, Band 5, München: Selbstverlag, 1995, S.25-35

Microsoft und Apple haben angekündigt das Modell eines eigenen Online-Dienstes auf-zugeben und MSN und eWorld in das Internet einzugliedern.[47] Europe Online ist gar nicht erst mit einem proprietären System gestartet sondern, nutzt von Beginn an das WWW als Publishing-Plattform. Es ist abzusehen, daß kommerzielle Online-Dienste zunehmend nur noch als Service-Provider fürs Internet fungieren werden. Wie hoch der Anteil derer ist, die AOL und CompuServe derzeit nur aufgrund der relativ schnellen Internet-Anbindung be-nutzen, ist nicht bekannt, fest steht aber, daß die Teilnehmerzahlen der beiden Systeme

---

[47] Vgl. o. V.: Microsoft positioniert MSN um, in: multiMedia (1995), Nr. 12, [URL: http: www.hightex.de/12952.html] zu Apples Plänen s. Booker, Ellis: 2 'Closed' Services Shift to the Web, in: Web Week 1 (1995), No. 8, [URL: http://pubs.iworld.com/ww-online/Dec95/news/2closed.html).

überproportional gestiegen sind seit sie einen Internet Zugang anbieten. *Forrester Research* prognostiziert bis 1997 ein weiteres Anwachsen kommerzieller Online-Dienste, wobei ein Großteil der Nutzer sie nur als Zugangs-Provider zum Internet nutzen würde. Ab 1997 sollen dann große Service-Provider, die reinen Internet Zugang anbieten, zur Verfügung stehen und Online-Dienste zunehmend substituieren, da sie keine Inhalte finanzieren müßten und somit billiger anbieten können.[48] In Deutschland wäre die *Telekom* für die Errichtung eines solchen Systems prädestiniert. Die Art, wie der Internet-Zugang in T-Online realisiert ist, läßt jedoch vermuten, daß man dort entweder nicht Willens ist seinem eigenen Online-Dienst Konkurrenz zu machen, oder organisatorisch und technisch nicht dazu in der Lage.

Das Internet wird weiter exponentiell wachsen, *IDC* erwartet für 1999 199 Mio. Teilnehmer (Matrix), wobei 125 Mio. hiervon Zugang zu WWW haben werden (Consumer Internet).[49] Diese Zahlen können als realistisch betrachtet werden, verschiedene Experten gaben Schätzungen ebenfalls in dieser Größenordnung ab.[50] Durch die Offenheit im Zugang und die Flexibilität in der Gestaltung der Dienste wird zumindest mittelfristig das Internet die bevorzugte Plattform für die Marketing-Kommunikation sein.

2.6.2 Technische Möglichkeiten

Voraussetzung dieses, hauptsächlich durch Privathaushalte getragenen, Wachstums ist die einfache und komfortable Bedienbarkeit der Systeme. Das Problem der Installation und Handhabung der Software wird dabei an Bedeutung verlieren. Es ist zu erwarten, daß schon bald vorkonfigurierte Systeme auf den Markt kommen, die einer breiten Bevölkerungsschicht leichten Zugang zu den Netzen ermöglichen werden. Ein weitaus größeres Diffusionshemmnis ist die unzureichende Geschwindigkeit der Datenübertragung. Die mehrheitlich erlebnis- statt nutzenorientierte Verwendung der Systeme wird durch langsamen Verbindungs- und Seitenaufbau stark beeinträchtigt. Um eine schnellere Datenübertragung zu ermöglichen, muß die zur Verfügung stehende Bandbreite erhöht werden. Die schnellste, für Privatanwender derzeit realisierbare Netzanbindung hat eine Bandbreite von 64 Kbit/s[51] (ISDN). D.h. theoretisch können 64.000 bit/s (Zeichen) pro Se-

---

[48] S. *Forrester Research*: On-Line's Future – Executive Summary, [URL: http://www.forrester.com.research/pt/1994/nov94pte.html], 1994.

[49] S. *International Data Corporation*: IDC Weekly Market Fact, [URL: http://www.idcresearch.com/danugget.html], 1996.

[50] Vgl. *MediaWare* (Hrsg.): Online – Vor- und Nachteile, Nutzer, Rechtsfragen, Entwicklungen/Tendenzen, Dienste im Vergleich, Frankfurt/Main: Selbstverlag, 1995, S. 67.

[51] 1000 bit/s = 1 Kbit/s; 1000 Kbit/s = 1 Mbit/s; 1000 Mbit/s = 1 Gbit/s; 1000 Gbit/s = 1 Tbit/s

kunde übertragen werden.[52] Um diesen Wert zu erhöhen (für eine Videoübertragung in Echtzeit sind 1,5 Mbit/s erforderlich), wird an verschiedenen Lösungen gearbeitet. Eine Übersicht der für Deutschland in Frage kommenden Alternativen zeigt Darst. 6.

Darst. 6: Technologiealternativen für die Installation
Multimediafähiger Netzinfrastruktur in privaten Haushalten

Netzarchitektur	Beschreibung	Kosten [1] pro Anschluß
Fibre to the Home (FTTH)	Glasfaserleitungen bis zum Endgerät	DM 5.000 - 8.000
	Technologisch die optimale, aber auch die aufwendigste Lösung	
	Hohe Kosten durch Verlegen der Kabel und optoelektronische Bauelemente	
Fibre to the Curb (FTTC)	Glasfaserleitungen bis zum Kabelverteiler	DM 2.500 - 5.000
	Bevorzugt bei < 50 Haushalten pro km	
	Neue Koaxialanschlüsse (bis zum Endgerät) erforderlich	
	Keine Kapazitätseinschränkungen gegenüber FTTH	
Hybrid-Struktur (Glasfaser/Koaxial)	Bevorzugt bei > 50 Haushalten pro km	DM 2.500 - 5.000
	Bestehende Anschlüsse können genutzt werden	
	Analoge Basiskanäle mit Rückkanal	
Asymmetrical Digital Subscriber Line (ADSL)	Nutzung von digitalen Filtern, um hohe Bandbreiten über gewöhnliche Kupfer-Doppeladern in eine Richtung transportieren zu können	DM 1.000 - 1.500
	ADSL bietet Kapazität für	
	· 4 komprimierte Videokanäle (je 1,5 Mbit/s)	
	· 1 B-ISDN-Kanal (384 Kbit/s)	
	· 1 ISDN-Kanal (16-44 Kbit/s)	
	· analogen Telefondienst	
	ADSL-Technologie kann einfach abgebaut und wiederverwendet werden - daher gut als Interimslösung geeignet	
High Bit Rate Digital Subscriber Line (HDSL)	Mit HDSL kann eine Bandbreite bis zu 2 Mbit/s über 4 km vom Kabelverteiler zum Teilnehmeranschluß realisiert werden (Zweiweg-Kommunikation!)	DM 4.000 - 5.000 starke Kostensenkung durch Economics of Scale erwartet
	In Deutschland müssen bei 80 % der Anschlüsse weniger als 3,5 km überbrückt werden	
Asynchronous Transfer Mode (ATM)	Standard für die Vermittlung breitbandiger Kommunikation, also z.B. für die Steuerung eines Videosignals vom Sender zum Empfänger	N.V.
	Technologie kann in Telefon- und Kabelnetzen eingesetzt werden	
Installation eines Rückkanals ins Kabelnetz	Nutzung von zusätzlichem Frequenzspektrum für Zweiweg-Kommunikation	N.V.
	Bandbreiten bis zu mehreren Mbit/s möglich	
	Wird in den USA von führenden Kabelgesellschaften bereits nstalliert (z.B. TCI)	
	Kopplung mit Telefonnetz möglich, d.h. Telefonverbindungen per Kabelanschluß	

[1] Expertenschätzung
Quelle: *Booz·Allen & Hamilton* (Hrsg.): Multimedia – Grundlagen, Märkte und Perspektiven in Deutschland, Frankfurt/Main: IMK, 1995, S. 76

Entscheidenden Einfluß auf die möglichen Übertragungsraten haben die verwendeten Übertragungswege. Die technisch beste Lösung stellt Glasfaserkabel dar. Hiermit sind theoretisch nahezu unbegrenzte Übertragungsraten möglich, praktisch ist man momen-

---

[52] In der Praxis liegt die Übertragunsrate aus verschiedenen technischen Gründen jedoch unter diesem Wert.

tan bei 10 Gbit/s, wobei die technischen Möglichkeiten noch lange nicht ausgereizt sind. Laut Aussagen der *Telekom*, die noch bis 1998 das Monopol für öffentliche Vermittlungsnetze besitzt sollen Anfang 1996 bereits 1,2 Mio. Privathaushalte (vornehmlich in Ostdeutschland) einen Glasfaseranschluß besitzen.[53] Der Nachteil von Glasfaser sind die relativ hohen Kosten für die Verlegung. Vor allem die sogenannte „letzte Meile", der Weg zu den einzelnen Haushalten, ist überproportional teuer. Eine vollständige Vernetzung der Bundesrepublik mit Glasfaserkabel wird deshalb erst in zwei bis drei Jahrzehnten erfolgt sein.

Das einzige flächendeckend vorhandene Netz ist das aus Kupferkabeln bestehende Telefonnetz der *Telekom*. Da man auch in anderen Ländern noch längere Zeit auf Kupfer als Übertragungsmedium angewiesen sein wird, werden weltweit Anstrengungen unternommen, dessen Bandbreite zu erhöhen. Forschern von *AT&T* ist es inzwischen gelungen 6 Mbit/s über herkömmliches zweidratiges Kupferkabel zu übertragen.[54]

Für Deutschland wird die vollständige Aufhebung des Netzmonopols 1998 von besonderer Bedeutung sein. Die dann in den Wettbewerb eintretenden neuen Anbieter werden voraussichtlich für die Anbindung der Privathaushalte keine Leitungen verlegen, sondern Systeme zur terrestrischen Übertragung errichten. Diese nach dem DECT Standard arbeitenden Funknetze werden auch Datenübertragung ermöglichen. Im Versuchsaufbau sind bereits 1,5 Mbit/s realisiert worden. Wieviel maximal möglich sein wird ist noch nicht bekannt, die mittelfristige Zukunft der Datenübertragung muß aber nicht zwangsläufig kabelgebunden sein.

Eine hohe Verbreitung in Deutschland haben aber auch die zur Rundfunk- und Fernsehübertragung genutzten Kabelnetze. Während es sich bei den bisher beschriebenen Netzen um Vermittlungsnetze für die Individualkommunikation handelt, sind die aus Koax-Leitungen bestehenden Kabelnetze Verteilungsnetze für die Massenkommunikation. D.h. sie sind nur zur Einweg-Kommunikation fähig, jeder angeschlossene Haushalt erhält das selbe Programmangebot. Da mit Koax im Gegensatz zu Kupfer relativ einfach hohe Bandbreiten realisiert werden können, wären Kabelnetze als Träger für die Datenkommunikation optimal. Das Problem liegt in ihrer derzeitigen Unfähigkeit zur Mehrwegkommunikati-

---

[53] S. *Schub von Bossiazky, Gerhard* unter Mitarb. von *Marcus Pradel* et al.: Absehbare Entwicklungen in der Kommunikationswirtschaft – Ein Szenario, in: *Paul Kuff* (Hrsg.): Kommunikationsperspektiven – Bericht zum Forschungsprojekt Kommunikationsperspektiven, Schriftenreihe der Fachhochschule Düsseldorf 10, Düsseldorf: Selbstverlag, 1995, S. 20

[54] Vgl. *Lappin, Todd*: Rip ISDN?, in: Wired 3 (1995), No. 11, p. 50.

on. Eine Umrüstung der bestehenden Kabelnetze ist zwar technisch möglich, aber mit hohen Kosten verbunden und deshalb wahrscheinlich wirtschaftlich nicht sinnvoll.

Um die Potentiale der neuen, bzw. verbesserten alten Übertragungswege nutzen zu können, müssen auch neue Übertragungsprotokolle verwendet werden. Ohne tiefer in die Technik einsteigen zu wollen, soll hier nur kurz ATM, das die Zukunft der Datenübertragung bestimmende Übertragungsverfahren erwähnt werden. ATM (Asynchronous Transfer Mode) erlaubt eine bedarfsgerechte Zuteilung von Bandbreite und ermöglicht eine wesentlich effizientere Nutzung von Leitungen mit hoher Übertragungskapazität.[55]

Welche technische Lösung in Zukunft auch verwendet werden wird, die Verfügbarkeit von Bandbreite, wird für die Wettbewerbsfähigkeit im Informationszeitalter von entscheidender Bedeutung sein. Von den Entwicklungen in der Datenkommunikation werden weit mehr Bereiche beeinflußt werden, als heute wahrgenommen wird. *Nicholas Negroponte* geht davon aus, daß die Ablösung des, wie er es nennt „Atom-Zeitalters" durch das „Bit-Zeitalter" bevorsteht und dies tiefgreifende Konsequenzen für die Gesellschaft haben wird.[56]

2.6.3 Veränderungen im gesellschaftlichen Umfeld

Die gesellschaftlichen Rahmenbedingungen für eine schnelle Durchdringung von Privathaushalten sind relativ günstig. Der Umgang mit dem Computer ist heute für viele berufliche Notwendigkeit. Berührungsängste wurden abgebaut, der Computer ist zu einem Werkzeug geworden, das zunehmend auch in der Freizeit genutzt wird. In der jungen Generation sind Computer bereits eine Selbstverständlichkeit, der Umgang mit ihnen stellt keine Besonderheit mehr dar. Experten gehen aber davon aus, daß sich das Kommunikations-Verhalten einer Gesellschaft nur in Generations-Schritten verändert. Eine Durchdringung aller Altersstufen ist also frühestens in 20 Jahren zu erwarten.[57]

---

[55] Für eine Erklärung der ATM-Technik sowie zu Ergebnissen erster Pilotversuche in Deutschland s. *Hartenthaler, Hermann*: Multimedia und neue Netze: Praxiserfahrungen mit Multimedia-Pilotanwendungen in ATM-Netzen, Vortrag vom 11.04.1995 gehalten anläßlich der Kongreßmesse Veränderung & Innovation in der Kommunikationswirtschaft (kom:m), Düsseldorf [masch.].

[56] S. *Negroponte, Nicholas*: Total digital – Die Welt zwischen 0 und 1 oder Die Zukunft der Kommunikation (being digital, dt.), übers. von Fritz Franca/Heinrich Koop, München: C. Bertelsmann Verlag, 1995

[57] S. *Burda Anzeigen-Marktforschung*: Medien im Jahr 2020, in: Marketing Journal (1995), Nr. 2, S. 87, noch skeptischer ist Opaschowski, er behauptet: „Das multimediale Freizeitverhalten praktizieren die meisten Menschen erst Mitte des 21. Jahrhunderts". *Opaschowski, Horst W.*: Medienkonsum – Analysen und Prognosen, Hamburg: BAT Freizeit-Forschungsinstitut, 1995, S. 37.

Mit berücksichtigt müssen auch die möglichen Gefahren einer solchen Entwicklung werden. Die Nutzung der neuen Informationsmöglichkeiten ist mit finanziellem Aufwand verbunden. Eine Informationsdiskriminierung in der Gesellschaft könnte die Folge sein. „Besserverdienende könnten sich einen Informationsvorteil in noch nie dagewesener Qualität erkaufen. Dieser könnte beispielsweise in einen wirtschaftlichen Vorteil umgesetzt werden, wodurch sich die Schere zwischen den sozialen Klassen weiter öffnen würde."[58]

Entscheidend wird sein, daß auf wirtschaftlicher und vor allem auf politischer Ebene die Weichen richtig gestellt werden und der Verbreitung von Informationstechnologie in der Bevölkerung nicht entgegengewirkt werden wird.

---

[58] *Booz·Allen & Hamilton* (Hrsg.): Multimedia – Grundlagen, Märkte und Perspektiven in Deutschland, Frankfurt/Main: IMK, 1995, S. 119.

3 Unterschiede zu klassischen Medien

Um Unterschiede und später Ansatzpunkte für die Marketing-Kommunikation aufzeigen zu können soll ab diesem Punkt der Arbeit eine systemübergreifende Sichtweise gewählt werden. Im Mittelpunkt sollen nicht mehr die einzelnen technischen Systeme, sondern die Dienste, die sie anbieten stehen. Diese im letzten Kapitel vorgestellten Dienste sollen nachfolgend Online-Medien genannt werden. *Online-Medien sind somit die Summe der in Online-Diensten und im Internet angebotenen Dienste von E-Mail bis World Wide Web.*

Online-Medien lassen sich bis zu einem bestimmten Grad mit herkömmlichen Medien vergleichen. E-Mail kann als elektronische Version der Briefpost bezeichnet werden, Diskussionsplattformen werden häufig mit schwarzen Brettern verglichen.[59] Um Online-Medien für die Marketing-Kommunikation gewinnbringend einzusetzen, muß an den Möglichkeiten angesetzt werden, die herkömmliche Medien nicht bieten. Diese Möglichkeiten basieren auf den Unterschieden, die zu klassischen Medien bestehen. Eine klare Trennung der einzelnen Faktoren, die für die Andersartigkeit des Mediums verantwortlich sind, ist nicht möglich, die Frage von Ursache und Wirkung kann nicht immer klar beantwortet werden. Die nachfolgende Untersuchung soll bei den technischen Gründen Interaktivität, sowie multimedia- und hypertext-Fähigkeit der Online-Medien beginnen und dann die sich daraus ergebende Konsequenz, die Notwendigkeit Online-Medien als virtuelle Welt zu betrachten, darstellen.

3.1 Interaktivität

Interaktivität bildet die Grundlage der meisten in Online-Diensten und im Internet angebotenen Dienste. Allgemein versteht man unter Interaktivität die Möglichkeit der Einflußnahme des Nutzer von Medien auf deren Inhalt. *Rafaeli* definiert Interaktivität als „an expression of the extent that in a given series of communication exchanges, any third (or later) transmission (or message) is related to the degree to which previous exchanges referred to even earlier transmissions."[60] Eine theoretische Betrachtung von Interaktion liefert *Heeter*. Für sie stellt Interaktion ein multidimensionales Konzept dar.[61] Sie beschreibt

[59] Vgl. *Kneer, Volker*: Computernetze und Kommunikation, überarb. Fassung, Diplomarbeit, Hohenheim, [URL: http://www.uni-koeln.de/themen/cmc/text/kneer.94a.txt], 1994.
[60] *Rafaeli, S.*: Interactivity: From New Media to Communication, in: *R.P. Hawkins,/J.M. Wieman/S. Pingree* (eds.), Advancing Communication Science: Mergine Mass and Interpersonal Processes, Newbaryark: 1988, pp. 118.
[61] *Heeter, Carrie*: Implications of New Interacive Technologies for Conceptualizing Communication in: *Jerry L. Salvaggio/ Jennings Bryant* (eds.): Media Use in the Information Age – Emerging Patterns of Adoption and Consumer Use, p. 221.

sechs Dimensionen der Interaktivität (s. Darst. 7) und leitet daraus einige Hypothesen betreffend den Kommunikationsprozeß ab.[62] Diese Hypothesen bilden die Grundlage für die nachfolgende Beschreibung der auf Interaktion zurückzuführenden Unterschiede zu klassischen Medien.

Darst. 7: Dimensionen der Interaktivität nach Heeter

Dimensions of Interactivity	
Dimension 1	Complexity of Choise Available
Dimension 2	Effort Users Must Exert
Dimension 3	Responsiveness to the User
Dimension 4	Monitoring Information Use
Dimension 5	Ease of Adding Information
Dimension 6	Facilitation of Interpersonal Communication

Quelle: *Heeter, Carrie:* Implications of New Interacive Technologies for Conceptualizing Communication in: *Jerry L. Salvaggio/ Jennings Bryant* (eds.): Media use in the information age – Emerging Patterns of Adoption and Consumer Use, pp. 221-225

3.1.1 Bewußte Kontaktaufnahme und Auswahl der Information

Der erste Schritt zur Nutzung eines Mediums geht für gewöhnlich vom Nutzer aus. Bis auf wenige Situationen, etwa Großflächenplakate neben Straßen oder Radio in Geschäften, ist es immer möglich sich einem Medium und dessen Botschaft zu entziehen. Die Initiative geht also vom Nutzer aus, er schaltet den Fernseher ein, kauft eine Kinokarte etc. Bei klassischen Medien endet hier die Notwendigkeit zur Interaktion, Fernsehsender verbreiten ihr Programm ohne Zutun des Zuschauers, der Kinofilm nimmt automatisch seinen vorbestimmten Lauf. Bei Online-Medien geht der Zwang zur Interaktion weiter. Da kein Programm automatisch „gesendet" wird, muß der Nutzer aktiv eine Entscheidung treffen. Besonders deutlich wird der Unterschied zu klassischen Medien, wenn es sich im weitesten Sinne um werbliche Information handelt. In klassischen Medien wird der Nutzer unvermittelt und ohne seinen Wunsch mit dieser Information konfrontiert. Eine Sendung wird durch einen Werbeblock unterbrochen, er stößt beim Lesen einer Zeitschrift auf eine Anzeige. Immer geht die Initiative zur Kontaktaufnahme vom Informationsanbieter (werbetreibende ndustrie) aus. In Online-Medien muß die Information z.B. Produktinfos eines Herstellers, bewußt ausgewählt werden, die Initiative geht vom Nutzer aus.

---

[62] S. *Heeter, Carrie:* Implications of New Interactive Technologies for Conceptualizing Communication in: *Jerry L. Salvaggio/ Jennings Bryant* (eds.): Media Use in the Information Age – Emerging Patterns of Adoption and Consumer Use, pp. 221-233.

Ein weiterer Grund für ein höheres Interaktionsniveau bei Online-Medien besteht im Zwang zu einer stärkeren Selektion der gewünschten Informationen. Die bestehenden Netze, insbesondere das Internet bieten eine derartige Vielzahl an Angeboten, daß zur Auswahl weit mehr Initiative aufgebracht werden muß als in klassischen Medien. Um dies zu verdeutlichen scheint mir folgender Vergleich sinnvoll. Interessiert man sich beispielsweise für Fußball, so erfährt man durch die Auswahl des Sportteils *einer* Tageszeitung *alles* über das Fußballgeschehen des vergangenen Tages. Übertragen auf Online-Medien wäre dies zu vergleichen mit der Auswahl der Informationen über *ein* bestimmtes Fußballspiel in *allen* weltweit erscheinenden Tageszeitungen.

3.1.2 Grad der Interaktion abhängig von Nutzer und Medium

Der Grad des möglichen Interaktionsniveaus wird durch die Beschaffenheit des Mediums festgelegt. Dieser reicht von einer einfachen ja/nein Entscheidung (Kino) bis zur höchsten Ausprägungsform, der interpersonellen Kommunikation (Telefon). Bei der Nutzung eines Mediums ist also immer ein bestimmter Grad an Interaktion möglich, der vom Nutzer nicht verändert werden kann. Dies trifft analog auch auf Online-Medien zu. Der Unterschied besteht darin, daß mit der Anwahl eines Online-Dienstes oder des Internet parallel unterschiedliche Online-Medien, mit unterschiedlichem Interaktionsniveaus, zur Verfügung stehen. Das Laden einer Web-Seite (relativ niedriges Interaktionsniveau), kann zur gleichen Zeit wie das Schreiben einer E-Mail (relativ hohes Interaktionsniveau) erfolgen. Dies ist in klassischen Medien nicht möglich.

3.1.3 Mensch-Maschine Interaktion bedeutet Kommunikation

Treten Personen mit Hilfe von Medien in Kommunikation zueinander, so spricht man von mediengestützter interpersoneller Kommunikation. Bisher traten Medien immer nur als Mittler der Botschaft in Erscheinung. Mit ihrer Hilfe können Menschen miteinander kommunizieren. Eine Kommunikation mit dem Medium ist bei klassischen Medien aber nicht möglich bzw. aufgrund der Unmöglichkeit Antwort zu erhalten, ziemlich sinnlos.

Die Fähigkeit der Online-Medien zur Interaktion, ermöglicht es nicht nur mit anderen Menschen in Kontakt zu treten, sondern auch mit dem Medium selbst zu kommunizieren. Während E-Mail, als äquivalent zur Briefpost, dazu benutzt wird um mit anderen Online-Teilnehmern zeitversetzt zu kommunizieren, ist bei der Abfrage einer Datenbank kein menschlicher Partner „auf der anderen Seite" mehr vorhanden. Durch die Intelligenz des

Datenbankprogramms ist eine Kommunikation mit dem Medium ermöglicht worden. *Heeter* stellt fest, daß die Behauptung Mensch-Maschine Interaktion sei keine Kommunikation, nicht mehr aufrecht erhalten werden kann.[63]

3.1.4 Ständige Messung des Nutzungsverhaltens

Von der Marktforschung werden beträchtliche Anstrengungen unternommen um die Nutzung von klassischen Medien zu messen. Trotz ausgefeilter Methoden ist eine genaue Beantwortung der Frage: wer nutzt wann wie lange welches Medium nicht möglich. Die Nutzung von Online-Medien unterliegt einer ständigen, in gewisser Weise systembedingten, Beobachtung. Dies führt dazu, daß eine Feststellung der Anzahl der Nutzer möglich ist. Die Zuhilfenahme von Stichproben zur Hochrechnung auf die Gesamtheit der Zuschauer/Leser etc. ist nicht notwendig.

Auch zwingt die Interaktivität den Nutzer dazu den Inhalt zu betrachten. Impliziert der Kauf einer Zeitschrift oder das Einschalten des Fernsehers nicht automatisch auch die Nutzung des Mediums, ist dies bei Online-Medien unabdingbar. Ein Nichtlesen der Zeitschrift oder Einschlafen vor dem Fernseher kann in übertragenem Sinne bei Online-Medien nicht eintreten, da der Dialog nur durch eine Aktion des Nutzers fortgesetzt wird. D.h. selbst wenn der Nutzer nach der Auswahl eines Inhalts beschließt, sich damit nicht weiter zu beschäftigen und sofort zu einem anderen Angebot wechselt, ist zumindest die flüchtige Betrachtung des Bildschirminhalts gewährleistet.

Ist man bei der Messung der Reichweite klassischer Medien immer auf Momentaufnahmen angewiesen, so ist bei interaktiven Medien, und somit auch bei Online-Medien, erstmals eine kontinuierliche Messung möglich. Jede Aktion des Nutzers wird erfaßt, so daß sein „Aufenthaltsort" zu jeder Zeit bekannt ist.

3.1.5 Aufhebung der Trennung von Sender und Empfänger

Im Modell des allgemeinen Kommunikationsprozesses ist seit jeher die Möglichkeit zur Rückmeldung enthalten (s. Darst. 8). Im Fall der Massenkommunikation ist diese Fähigkeit jedoch schwach ausgeprägt. Die Rückmeldung muß über ein anderes Medium erfolgen, eine Antwort durch das ursprünglich benutzte Medium ist nicht möglich. Es haben sich

---

[63] Vgl. *Heeter, Carrie*: Implications of New Interactive Technologies for Conceptualizing Communication in: *Jerry L. Salvaggio/ Jennings Bryant* (eds.): Media Use in the Information Age – Emerging Patterns of Adoption and Consumer Use, p. 231.

Darst. 8: Allgemeines Kommunikationsmodell

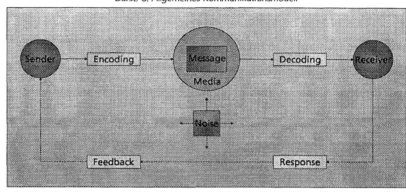

Quelle: *Kotler, Philip/Armstrong, Gary:* Principles of Marketing, 5. edition, Englewood Cliffs: Prentice-Hall, 1991, p. 423

zwar für jedes Medium Wege zur Einbindung des Nutzers herausgebildet, der direkte Einfluß der Empfänger auf die Botschaft ist jedoch schwach. Leserbriefe nehmen nur eine Bruchteil des Umfangs bei Print-Publikationen ein und inwieweit Zuschauerreaktionen auf Rundfunk- oder Fernsehsendungen Einfluß auf die weitere Programmgestaltung nehmen ist nicht nachvollziehbar. Die Rollen von Sender und Empfänger sind klar verteilt, eine Rückmeldung der Empfänger ist eher die Ausnahme.

Im Falle der Kommunikation über Online-Medien ist dies anders. Aufgrund der Interaktionsfähigkeit des Mediums ist jeder Sender automatisch auch ein Empfänger und für die Marketing-Kommunikation besonders wichtig, jeder Empfänger kann zum Sender werden. In welchem Ausmaß Nutzer von Online-Medien Sender von Informationen werden können, hängt von ihren technischen Voraussetzungen und der Art des Netzzugangs ab. Die Bandbreite der Möglichkeiten reicht von E-Mail bis zu dem momentan weitentwickeltsten Online-Medium World Wide Web. Kommunikation über Online-Medien kann also als Dialog-Kommunikation bezeichnet werden, wobei der Grad der Interaktion in erster Linie von den Nutzern abhängt. „Interactive communication represents a historical turning point away from the one-way transmission, [because] source and receiver cannot be distinguished in an interactive communication system."[64]

---

[64] *Rogers, E./Chaffee, S.:* Communication as an Academic Discipline: A Dialog, in: Journal of Communication 33 (1983), No. 3, p. 26.

3.1.6 Sowohl Individual- als auch Massenkommunikation

Der letzte auf Interaktivität beruhende Unterschied zu klassischen Medien ist die Flexibilität der Reichweite. Die technische Reichweite stellt die Gesamtheit aller Nutzer von Online-Medien dar. Interessant ist nun, wieviele dieser Nutzer von einem bestimmten Inhaltsangebot tatsächlich erreicht werden können. Bei klassischen Medien haben die unterschiedlichen Reichweiten von Medien und Programmumfeldern zum Problem der optimalen Mediaselektion geführt. Ist es sinnvoller eine Botschaft über ein Massenmedium mit der Gefahr hoher Streuverluste zu verbreiten, oder lieber auf Nischenmedien mit geringerer Reichweite, aber höherer Zielgruppenaffinität zu setzen?

Darst. 9: Typologie traditioneller und neuer Medien

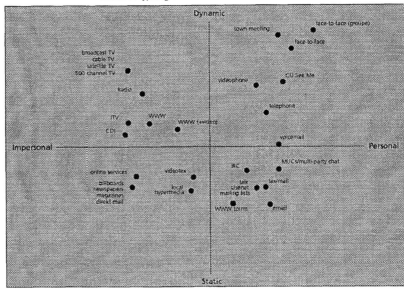

Quelle: *Hoffmann, Donna L./Novak, Thomas P.:* Marketing in Hypermedia Computer-Mediated Environments: Conceptual Foundations, [URL:http://www2000.ogsm.vanderbilt.edu/cmepaper.revision.july11. 1995/cmepaper.html], 1995

Durch die Interaktivität ist in Online-Medien ein sowohl als auch möglich. Online-Medien sind gleichzeitig zur Individual- und zur Massenkommunikation fähig.[65] Eine E-Mail bei-

---

[65] Für eine Diskussion des Begriffs Massenkommunikation in Verbindung mit Computer-Netzwerken s. *Kiefer, Thomas:* Das Internet im Wandel vom Nischenmedium zum Publikumsmedium, Magisterarbeit, München, [URL: http://www.ifkw.uni-muenchen.de/~kiefer/TEXT/WANDEL/contents.htm], 1995.

spielsweise, kann nur an eine Person gerichtet sein, kann aber auch an Millionen von Adressaten gleichzeitig verschickt werden. Über Foren oder WWW-Seiten publizierte Inhalte können sich sowohl an ein Massenpublikum als auch an eine kleine weltweit verstreute, Zielgruppe richten.

Darst. 9 zeigt eine Einordnung der klassischen und „neuen" Medien hinsichtlich der Dynamik ihres Inhalts und ihrer Verwendung zur Individual- und Massenkommunikation. Interessant erscheint, daß die traditionellen Medien jeweils Extrempositionen an den Rändern einnehmen, während Online-Medien sich eher in der Mitte bewegen. Dies liegt an ihrer Fähigkeit sowohl für die Individual- als auch für die Massenkommunikation einsetzbar zu sein. *Reardon/Rogers* stellten bereits 1988 fest: „new communication technologies are interactive in nature, and thus cannot be easily categorized as either interpersonal or mass media channels."[66]

3.2 Multimedia

Für kaum einen Begriff im Bereich der neuen Medien existieren so viele Definitionen wie für Multimedia. Zur Darstellung der Unterschiede zu traditionellen· Medien ist der Grad der Multimediafähigkeit von Online-Medien von Interesse. Unter Multimediafähigkeit von Online-Medien soll deren Fähigkeit verstanden werden, Inhalte sowohl statisch in Form von Text, Bildern und Grafiken als auch dynamisch in Form von Audio und Video darstellen zu können.[67] Daraus ergeben sich folgende Konsequenzen: Inhalte können unterschiedlich aufbereitet über ein Medium zur Verfügung gestellt werden. Die singuläre Bindung an eine Mediengattung kann entfallen, eine Trennung der Trägermedien ist nicht mehr gegeben. Für unterschiedliche Medien in Form von Text, Audio oder Video produzierte Inhalte lassen sich kombinieren und in Online-Medien einsetzen.

Der Grad der Multimediafähigkeit ist innerhalb der Online-Medien unterschiedlich stark ausgeprägt. Eine Integration aller vier Arten (Audio, Video, Test und Grafiken) ist momentan nur im WWW möglich. Es ist allerdings zu erwarten, daß mit steigender Bandbreite auch andere Online-Medien voll multimediafähig werden. Eine Unterscheidung der Medien hinsichtlich der bisher behandelten Kriterien Interaktivität und Multimediafähigkeit zeigt Darst. 10.

[66] *Reardon, Kathleen K./Rogers, Everitt M.*: Interpersonal Versus Mass Communication: A False Dichotomy, in: Human Communication Research 15 (1988), No. 2, p. 297.
[67] S. *Hoffmann, Donna L./Novak, Thomas P.*: Marketing in Hypermedia Computer-Mediated Environments: Conceptual Foundations, [URL: http://www2000.ogsm.vanderbilt.edu/cmepaper.revision.july11.1995/cmepaper.html], 1995.

Darst. 10: Charakterisierung traditioneller und neuer Medien

	person inter-acive	machine inter-acctiv	number of linked sources	communication model	content*	Media Feedback symmetry
Mass Media:						
billboards	no	no	one	1-to-many	T,I	yes
newspapers	no	no	one	1-to-many	T,I	yes
magazines	no	no	one	1-to-many	T,I	yes
direct mail	no	no	one	1-to-many	T,I	yes
radio	no	no	few	1-to-many	A	no
broadcast TV	no	no	few	1-to-many	A,V,(T)	no
cable TV	no	no	few	1-to-many	A,V,(T)	no
satellite TV	no	no	many	1-to-many	A,V,(T)	no
500 channel cable TV	no	no	many	1-to-many	A V,(T)	no
Interactive Media:						
local hypertext	no	yes	one	1-to-many	T	yes
local hypermedia	no	yes	one	1-to-many	T,I,A,V	no
dial-up BBS (info only)	no	yes	one	1-to-many	T	yes
CD-Interactive	no	yes	one	1-to-many	T,I,A,V	no
Videotex	no	yes	few	1-to-many	T	yes
Pre-Web Online Services	no	yes	few	1-to-many	T,I	no
Interactive TV	no	yes	few	1-to-many	T,I,A,V	no
World Wide Web	no	yes	many	many-to-many	T,I,A,V	no
Interpersonal Communication:						
mail	yes	no	one	1-to-1	T	yes
fax	yes	no	one	1-to-1	T	yes
telephone	yes	no	one	1-to-1	A	yes
videophone	yes	no	one	1-to-1	A,V	yes
face-to-face	yes	no	one	1-to-1	A,V,E	yes
face-to-face (group)	yes	no	few	few-to-few	A,V,E	yes
town meeting	yes	no	many	many-to-many	A,V,E	yes
Computer-Mediated Communication:						
email	yes	yes	one	1-to-1	T	yes
voice mail	yes	yes	one	1-to-1	A	yes
talk program	yes	yes	one	1-to-1	T	yes
email (CC: list)	yes	yes	one	1-to-few	T	yes
multi-party chat	yes	yes	few	few-to-few	T	yes
MUDs	yes	yes	few	few-to-few	T	yes
CU SeeMe	yes	yes	few	few-to-few	A,V	yes
mailing lists	yes	yes	many	many-to-many	T	yes
Usenet newsgroups	yes	yes	many	many-to-many	T	yes
WWW (forms/annotation)	yes	yes	many	many-to-many	T,I	yes
Internet Relay Chat/IRC	yes	yes	many	many-to-many	T	yes

* T=text, A=audio, V=video, E=experimential

Quelle: *Hoffmann, Donna L./Novak, Thomas P.*: Marketing in Hypermedia Computer-Mediated Environments: Conceptual Foundations, [URL:http://www2000.ogsm.vanderbilt.edu/cmepaper.revision.july11. 1995/cmepaper.html], 1995

3.3 Hypertext

Die Idee von Hypertext Systemen geht auf *Vannevar Bush* zurück, einem wissenschaftlichen Berater *Franklin D. Roosevelts*. Er publizierte 1945 seine Vorstellungen von einer Maschine, die er „Memex" nannte, und in der sämtliche Texte auf Mikrofilm gespeichert zum Abruf bereit stehen sollten. Das neue daran, *Bush* sah die Möglichkeit vor, zwischen den Dokumenten Pfade zu legen, so daß quasi neue Dokumente entstehen würden.[68]

---

[68] Vgl. *Woolley, Benjamin*: Die Wirklichkeit der virtuellen Welten, (Virtual worlds, dt.), übers. von Gariele Herbst,

Den nächsten Versuch ein Hypertext-System zu verwirklichen unternahm *Ted Nelson*, sein Xanadu Projekt wurde ähnlich *Bushs* Memex Maschine nie vollendet, lieferte aber wichtige Hinweise zur theoretischen Konzeption von Hypertext-Systemen.[69]

Allgemein lassen sich Hypertext-Systeme beschreiben, als eine Verknüpfung von Inhalten, die vom Nutzer in jeder beliebigen Reihenfolge und Zusammenstellung abgerufen werden können. *Bornman/von Solms* definieren Hypertext als „the concept of non-sequential writing of information that allows the user to connect information together by means of different paths or links. The information in a hypertext system is in the form of nodes and links."[70] Heute stehen Hypertext Systeme in vielfältiger Form zur Verfügung. Die fortschrittlichste der Öffentlichkeit zur Verfügung stehende Version ist das auf HTTP (Hypertext Transfer Protokoll) basierende World Wide Web.

„Die wesentliche Neuerung bei WWW gegenüber konventionellen Hypertextsystemen liegt darin, daß nicht nur Verweisen auf Dokumente auf dem selben Rechner nachgegangen werden kann, sondern daß auch Verweise zwischen Dokumenten auf verschiedenen Rechnern möglich sind. Der Benutzer merkt dabei in aller Regel nicht, – oder nur durch die etwas längere Wartezeit – ob nun eine Verbindung zu einem Dokument auf seinem lokalen Rechner aufgebaut wird oder zu einem Informationsknoten auf einem Rechner in den USA."[71] Keines der traditionellen Medien basiert auf einem Hypertext Konzept, eine direkter Vergleich ist daher ab diesem Punkt der Darstellung nicht mehr möglich.

3.3.1 Selbstbestimmte Navigation

Die Hypertextfähigkeit mancher Online-Medien führt zu einer völlig neuen Dimension der Informationsauswahl in Medien. Die Auswahl von Informationen, die sich auf, eventuell weltweit, vernetzten Computern befinden, hat in der angelsächsischen Literatur zu dem Begriff network navigation geführt. *Hoffman/Novac* definieren network navigation „as the process of self-directed movement."[72] Weiter führen sie aus: „This nonlinear search

---

Basel/Boston/Berlin: Birkhäuser Verlag, 1994, S. 171-172, oder im Original *Bush, Vannevar*: As We May Think, in: Atlantic Monthly 175 (1945), No. 1, pp. 101-108.

[69] Zum Xanadu Projekt vgl. *Nelson, Ted*: Getting it Out of Our System, in: *G. Schechter* (ed.), Information Retrieval: A Critical Review, Washington D.C.: Thompson Books, 1967.

[70] *Bornman, H./von Solms S. H.*: Hypermedia, Multimedia and Hypertext – Definitions and Overview, in: Electronic Library 11 (1993), No. 4/5, p. 262.

[71] *Kaiser, Alexander*: Möglichkeiten der Integration von Internet in die betriebliche Informationswirtschaft, in: Journal für Betriebswirtschaft (1995), Nr. 2, S. 97.

[72] *Hoffmann, Donna L./Novak, Thomas P.*: Marketing in Hypermedia Computer-Mediated Environments: Conceptual Foundations, [URL: http://www2000.ogsm.vanderbilt.edu/cmepaper.revision.july11.1995/cmepaper.html], 1995, S. 7.

and retrival process provides both essentially unlimited freedom of choice and greater control for the consumer, and may be contrasted with the restrictive návigation option available in traditional media such as television or print. "[73] Durch die Globalität des Internet, und den automatischen Übergang von einem Server zu einem weiteren, der sich am anderen Ende der Welt, oder im selben Raum befinden kann, wird für die Benutzung des World Wide Web häufig der Begriff des Surfens verwendet.[74] In jedem Fall ist das selbstbestimmte navigieren in hypertextfähigen Online-Medien ein Bereich, der einer näheren Betrachtung bedarf.

3.4 Virtuelle Welten

Durch die bisher dargestellten Unterschiede zu traditionellen Medien ergibt sich die Notwendigkeit Online-Medien noch aus einem anderen Blickwinkel zu betrachten. Die Interaktion mit dem Medium und die selbstbestimmte Navigation durch multimediale Inhalte, erweitert die Wahrnehmung von Medien um eine neue Dimension. Online-Medien dienen nicht mehr nur zur Übermittlung von Botschaften an Empfänger, sondern fungieren als Raum, in dem Dinge passieren und sich Nutzer bewegen. *Hoffmann* bezeichnet diesen Raum „gewissermaßen als neues Zimmer der Realität. In diesem Raum ereignen sich keine „Anwendungen", sondern soziale Interaktionen."[75] „In this view, information or content is not merely transmitted form a sender to a receiver, but rather 'mediated environments are created and then experienced.'"[76] Für diese Art der Wahrnehmung hat sich in der angelsächsischen Literatur der Begriff der Computer Mediated Environments (CMEs) weitgehend durchgesetzt.

3.4.1 Computer-Mediated Environments

Sämtliche Online-Dienste sind im wesentlichen den CMEs zuzurechnen. *Hofmann/Novac* erweitern den Begriff zu hypermedia Computer Mediated Environments, welchen Online-

---

[73] *Hoffmann, Donna L./Novak, Thomas P.*: Marketing in Hypermedia Computer-Mediated Environments: Conceptual Foundations, [URL: http://www2000.ogsm.vanderbilt.edu/cmepaper.revision.july11.1995/cmepaper.html], 1995, S. 7-8.

[74] Für eine soziologische Betrachtung der im Zusammenhang mit Online-Medien benutzten Methaphern s. *Helmers, Sabine/Hoffmann, Ute/Hofmann, Jeanette*: Alles Datenautobahn – oder was? – Entwicklungspfade in eine vernetze Zukunft, in: *WZB* (Hrsg.): Kommunikationsnetze der Zukunft – Leitbilder und Praxis, Berlin: Selbstverlag, [URL: http://duplox.wz-berlin.de/docs/ausblick.html], 1994.

[75] *Hoffmann, Ute*: „It's life, Jim, but not as we know it..." – Netzkultur und Selbstregulierungsprozesse im Internet, in: TA-Datenbank-Nachrichten 4 (1995), Nr. 3, [URL: http://duplox.wz-berlin.de/docs/ta.html].

[76] *Hoffmann, Donna L./Novak, Thomas P.*: Marketing in Hypermedia Computer-Mediated Environments: Conceptual Foundations, [URL: http://www2000.ogsm.vanderbilt.edu/cmepaper.revision.july11.1995/cmepaper.html], 1995, mit einem Zitat von Steuer.

Medien zuzurechnen sind, die hypertext- und multimediafähig sind. „We define a hypermedia CME as: *a dynamic distributed network, potentially global in scope, together with associated hardware and software for accessing the network, which allows consumers and firms to 1) provide and interactively access hypermedia content (i.e. 'machine interaction'), and 2) communicate through the medium (i.e. 'person interaction').*"[77] Das Model der hypermedia CMEs läßt sich momentan nur auf das World Wide Web, dem einzigen existierenden multimedia- und hypertextfähigen System, anwenden. Es ist allerdings zu erwarten, daß die Anbieter kommerzieller Online-Dienste ihre Systeme mittelfristig hypermediafähig machen werden. Zur Benennung von Computer-Mediated Environments im deutschen hat sich noch kein einheitlicher Begriff durchgesetzt, weshalb innerhalb dieser Arbeit weiterhin der englische Ausdruck benutzt werden wird. Um die Doppelfunktion von Online-Medien, Mittler einer Botschaft und Raum für Kommunikation zu sein, zu erklären, wurden verschiedene Institutionen der realen Welt zu Vergleichen herangezogen. Eine der interessantesten: „Eine visuelle Methapher für diesen Raum ist die überbaute Brücke, die gleichzeitig und in einem verkehrstechnischen Artefakt, Wohnstatt und Geschäftsort war, wie beispielsweise die heute noch existierende, mehr als 600 Jahre alte Ponte Vecchio in Florenz."[78]

3.4.2 Online-Präsenzen

Betrachten wir also Online-Medien als Raum, in dem Kommunikation stattfindet, so verändert sich auch die Wahrnehmung der Teilnehmer. Waren sie bisher Sender, Empfänger oder beides, so kann man sie jetzt eher als Akteure bezeichnen, die sich im virtuellen Raum bewegen. Dieser Raum kann in seiner Zusammensetzung als Abbild der realen Welt begriffen werden. Alle gesellschaftlichen Gruppen und Institutionen können auch in virtuellen Räumen vertreten sein. Firmen, Hochschulen, Politische Parteien, Privatpersonen, Medien, Religiöse Organisationen, Stadtverwaltungen, etc. sind bereits online.

Diese Anwesenheit soll als Online-Präsenz bezeichnet werden. Die Online-Präsenz ist der Stützpunkt innerhalb der virtuellen Welt, die Firmenzentrale, das Verlagshaus, die Universität. Sie muß unter einer einheitlichen Adresse erreichbar sein und von Nutzern navigiert werden können. Eine Homepage im Internet oder ein Forum in kommerziellen Onli-

[77] *Hoffmann, Donna L./Novak, Thomas P.*: Marketing in Hypermedia Computer-Mediated Environments: Conceptual Foundations, [URL: http://www2000.ogsm.vanderbilt.edu/cmepaper.revision.july11.1995/cmepaper.html], 1995, bereits im Original kursiv.
[78] *Helmers, Sabine/Hoffmann, Ute/Hofmann, Jeanette*: Offene Datennetze als gesellschaftlicher Raum – Das Modell Internet, in: Europartner Information (1995), Sonderheft April, [URL: http://duplox.wz-berlin.de/dics/eu/].

ne-Diensten sind Beispiele für Online-Präsenzen. Steht bei Unternehmen die Marke und nicht der Hersteller im Vordergrund der Kommunikationsbemühungen kann natürlich auch für sie eine Online-Präsenz errichtet werden.

Darst. 11: Zimas Online-Präsenz in AOL und im World Wide Web

3.4.3 Virtuelle Gemeinschaften

Durch die Interaktivität bieten Online-Medien die Möglichkeit sowohl mit dem Medium als auch mit anderen Nutzern zu kommunizieren. E-Mail und Diskussionsplattformen (Newsgroups, Foren) sind im Internet und in kommerziellen Online-Diensten die meistbenutzten Dienste. Der Wunsch nach zwischenmenschlicher Kommunikation ist einer der Hauptgründe für die Benutzung von Online-Medien.

Benutzer von Online-Medien sehen sich selbst als Gemeinschaft. Diese Wahrnehmung ist in den einzelnen Systemen unterschiedlich stark ausgeprägt. Am stärksten einer virtuellen Gemeinschaft zugehörig fühlen sich die Benutzer des Internet, am wenigsten wohl die Teilnehmer an T-Online. „Die Anwender formen innerhalb der virtuellen Gemeinschaft, wie in jeder Kultur üblich, kleinere Subgesellschaften, die ihren spezifischen Bedürfnissen gerecht werden."[79] Im Gegensatz zur realen Welt, bestimmt nicht räumliche Nähe oder das soziale Umfeld diese Gruppen, sondern Interessen und Vorlieben des Einzelnen. Jeder kann selbst entscheiden, welcher Gemeinschaft er angehören möchte. Die Auswahl der Kommunikationspartner erfolgt nach gemeinsamen Hobbys oder Einstellungen; religiöse, kulturelle oder gesellschaftliche Unterschiede stellen keinen Hinderungsgrund mehr dar. „Wer sich über ein bestimmtes Thema unterhalten möchte, findet sofort in der entsprechenden Gruppe Gleichgesinnte und muß nicht in seinem räumlichen Umfeld auf die

---

[79] *Kneer, Volker:* Computernetze und Kommunikation, überarb. Fassung, Diplomarbeit, Hohenheim, [URL: http://www.uni-koeln.de/themen/cmc/text/kneer.94a.txt], 1994.

Suche gehen. Man kann eben nicht das Telefon in die Hand nehmen und sich mit einer Gruppe von Leuten verbinden lassen, die sich z.B. für Jazz interessieren."[80]

Das Ausmaß, in dem sich soziale Beziehungen bilden, ist auch innerhalb der Online-Medien unterschiedlich. Eine besonders starke Bindung ist in Konferenzsysteme (Chat) und Online-Spielen zu beobachten. Hinzu kommt hier die totale Anonymität der Teilnehmer, jeder kann unter einem Pseudonym auftreten, unter dem er dann den anderen Teilnehmern bekannt ist. Dies geht bis zum Entwurf komplexer virtueller Persönlichkeiten, die mit dem dahintersteckenden realen Menschen nichts mehr gemein haben müssen.[81] Die Reduktion der Kommunikationsformen auf geschriebene Sprache bietet introvertierten oder durch Aussehen oder körperliche Gebrechen sozial benachteiligten Menschen die Möglichkeit zur gleichberechtigten Kommunikation mit Anderen.

3.5 Kommunikationsmodell für Computer-Mediated Environments

Durch die dargelegten Unterschiede zu klassischen Medien ist das allgemeine Kommunikationsmodell auf Kommunikation in Computer-Mediated Environments nicht mehr anwendbar. Darst. 12 zeigt ein neues, von *Hoffman/Novak* entwickeltes Modell der Marketing-Kommunikation in Hypermedia CMEs. Es ist gewissermaßen die Schlußfolgerung, der in diesem Kapitel dargestellten Überlegungen und soll für den restlichen Teil der Arbeit als theoretische Grundlage dienen.

Als Rahmen für die Kommunikation dienen die Computer-Mediated Environments, die unterschiedlichen Online-Medien fungieren als Medium. Das bedeutet, daß das Modell die Gesamtheit der Möglichkeiten darstellt, wobei deren tatsächliche Verfügbarkeit von dem eingesetzten Online-Medium abhängt. *Hoffmann/Novak* teilen die Kommunikationspartner in die Gruppen Konsumenten und Firmen ein, wobei auch Kommunikation mit dem Medium möglich ist. Konsumenten und Firmen können mit Angehörigen ihrer Gruppe, mit Angehörigen der anderen Gruppe und mit dem Medium selbst kommunizieren. Die Initiative zur Kommunikation kann von beiden ausgehen.

[80] *Falckenberg, Christian*: Internet – Spielzeug oder Werkzeug? – Einführung in Grundlagen und Anwendungen mit Diskussion sozialer und gesellschaftlicher Aspekte, Studienarbeit, Aachen, [URL: http://www.comnets.rwth-aachen.de/chf/Studienarbeit/internet.html], 1994.
[81] Vgl. *Reid, Elizabeth M.*: Electropolis: Communication and Community on Internet Relay Chat, Honours Thesis, Melbourne, [URL: http://www.uni-koeln.de/themen/cmc/text/reid.91.txt], 1991.

Neben der reinen Kommunikation über das Medium können beide Gruppen dem Medium auch Inhalte hinzufügen. Benutzt man die Metapher des Verlegers, so können sowohl Firmen als auch Konsumenten publizistisch tätig werden. Eine Beschränkung des Themenfeldes ist nicht gegeben. Für *Hoffmann/Novak* ergibt sich hieraus „perhaps the most radical departure from traditional marketing environments - consumers can provide product-related content to the medium."[82]

Darst. 12: Modell der Marketing-Kommunikation in (Hypermedia) Computer-Mediated Environments

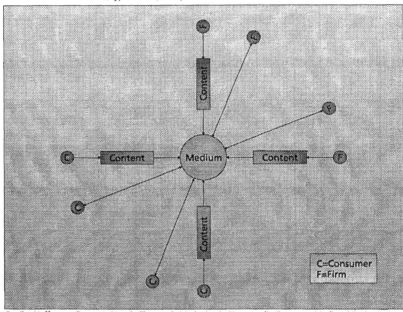

Quelle: *Hoffmann, Donna L./Novak, Thomas P.*: Marketing in Hypermedia Computer-Mediated Environments: Conceptual Foundations, [URL:http://www2000.ogsm.vanderbilt.edu/cmepaper.revision.july11. 1995/cmepaper.html], 1995

Das Modell unterliegt keiner Beschränkung in der Reichweite, es kann für Individual- und Massenkommunikation eingesetzt werden. *Hoffmann/Novak* entwickelten dieses Modell um ihre Forschung der Navigation in Hypermedia CMEs theoretisch zu untermauern. Folgt man der obigen Interpretation, so ist es, die jeweiligen Einschränkungen berücksichti-

---

[82] Quelle: *Hoffmann, Donna L./Novak, Thomas P.*: Marketing in Hypermedia Computer-Mediated Environments: Conceptual Foundations, [URL: http://www2000.ogsm.vanderbilt.edu/cmepaper.revision.july11.1995/cmepaper.html], 1995.

gend, auf alle Online-Medien anwendbar. Es bildet somit den theoretischen Rahmen für alle im Internet und Online-Diensten möglichen Kommunikationsbeziehungen.

Als Resümee dieses Kapitels kann festgestellt werden, daß die Kommunikationsbedingungen in CMEs sich von denen in traditionellen Medien fundamental unterscheiden. Für die Kommunikationspolitik bedeutet dies, daß es nicht ausreicht bestehende Konzepte zu übertragen, sondern vielmehr ein eigenständiger Ansatz für Marketing-Kommunikation in CMEs entwickelt werden muß.

4 Ansatzpunkte für die Marketing-Kommunikation

Aufbauend auf den spezifischen Eigenheiten von Online-Medien sollen nachfolgend Ansatzpunkte für deren Einsatz in der Marketing-Kommunikation aufgezeigt werden. Hierzu soll zunächst kurz die gegenwärtige Situation der Marketing-Kommunikation problematisiert werden, um dann mögliche Wirkungsbeiträge von Online-Medien auf der Ziel- und Strategieebene darzustellen..

4.1 Stand der Marketing-Kommunikation

Die Austauschbarkeit von Produkten sowie das Voraussetzen einer bestimmten Qualität durch die Verbraucher macht eine Differenzierung über den Produktnutzen zunehmend schwieriger. Unternehmen stehen deshalb immer weniger in einem Produktwettbewerb und immer mehr in einem Kommunikationswettbewerb. Kommunikation ist zum zentralen Erfolgsfaktor avanciert.[83]

4.1.1 Erschwerte Rahmenbedingungen

Eine sich verändernde Unternehmensumwelt hat auch die Marketing-Kommunikation vor neue Herausforderungen gestellt und neue Problemlösungsmodelle hervorgebracht. Veränderungen im gesellschaftlichen, technologischen, ökologischen und wirtschaftlichen Bereich bilden erschwerte Rahmenbedingungen für die Marketing-Kommunikation. Auf Konsumentenseite vollzieht sich ein steter Wertewandel, der allerdings nicht gleichgerichtet verläuft, und damit schwer antizipierbar ist. Eine zunehmende Erlebnisorientierung steht nicht im Widerspruch mit einem verstärkten Umwelt- und Gesundheitsbewußtsein. Schlagworte vom hybriden, ambivalenten bis hin zum multioptionalen Verbraucher versuchen den Konsumenten der 90er in Worte zu fassen. Für die Marketing-Kommunikation ist er immer schwerer zu erreichen. Informationsüberlastung, die dynamische Entwicklung auf den Medienmärkten sowie ein gesunkenes Interesse an klassischer Unternehmenskommunikation bilden die Hauptprobleme bei der effektiven Zielgruppenansprache. Deshalb erfordert nach *Bruhn* „die Kommunikationspolitik der neunziger Jahre neue Denk-

---

[83] S. *Bruhn, Manfred/Dahlhoff, Dieter H.* (Hrsg.): Effizientes Kommunikationsmanagement – Konzepte, Beispiele und Erfahrungen aus der integrierten Unternehmenskommunikation, Stuttgart: Schäffer-Poeschel, 1993, S. 2.

haltungen und Einstellungen auf Managementebene, die die Kommunikation als *strategischen Erfolgsfaktor* für Unternehmen definieren."[84]

4.1.2 Integrierte Unternehmenskommunikation

Als eine Möglichkeit den verschärften Rahmenbedingungen zu begegnen wird heute die Integrierte Kommunikation angesehen. „Unter der integrierten Unternehmenskommunikation wird ein Prozeß der Planung und Organisation verstanden, der darauf ausgerichtet ist, aus den differenzierten Quellen der internen und externen Kommunikation von Unternehmen eine Einheit herzustellen, um ein für sämtliche Zielgruppen der Unternehmenskommunikation konsistentes Erscheinungsbild über das Unternehmen zu vermitteln."[85] Inwieweit Online-Medien einen Beitrag zur effektiven Marketing-Kommunikation im Zeichen der integrierten Unternehmenskommunikation leisten können, soll im folgenden dargelegt werden.

4.2 Ziele

Oberstes Ziel der Marketing-Kommunikation ist die Vermittlung eines konsistenten Bildes des Unternehmens. Im hierarchischen Zielsystem der Unternehmenskommunikation müssen die untergeordneten Ziele diesem Oberziel dienen. Nachfolgend sollen die durch Online-Medien erreichbaren übergeordneten Ziele aufgezeigt werden, konkrete Maßnahmen zur Erreichung von Zielen auf der Instrumentalebene werden in Kapitel 5 behandelt.

Der Einsatz von Online-Medien kann ökonomischen und psychologischen Zielen dienen. Im Rahmen der Marketing-Kommunikation sollte die Konzentration den psychologischen Zielsetzungen gelten. Ökonomische Vorteile aus dem Einsatz von Online-Medien (beispielsweise Einsparungen bei den Druck- und Materialkosten) sollten mehr als Nebenprodukt angesehen werden und nicht als Triebfeder dienen.

---

[84] *Bruhn, Manfred*: Integrierte Unternehmenskommunikation – Ansatzpunkte für eine strategische und operative Umsetzung integrierter Kommunikationsarbeit, 2., überarb. u. erw. Aufl., Stuttgart: Schäffer-Poeschel Verlag, 1995, S. 4.

[85] *Bruhn, Manfred*: Integrierte Unternehmenskommunikation – Ansatzpunkte für eine strategische und operative Umsetzung integrierter Kommunikationsarbeit, 2., überarb. u. erw. Aufl., Stuttgart: Schäffer-Poeschel Verlag, 1995, S. 13.

4.2.1 Intensivierung der Zielgruppenkontakte

Die Kontakte der Zielgruppen mit dem Unternehmen sollen vertieft und in die gewünschte Richtung gelenkt werden. Zur Stärkung der Zielgruppenkontakte ist eine individuellere Bearbeitung der Zielgruppen sowie eine stärkere Ansprache des Einzelnen innerhalb der Gruppe nötig. In Computer-Mediated Environments ist die Distanz zwischen dem Einzelnen und dem Unternehmen geringer. Durch das Annavigieren der Online-Präsenz befindet man sich in unmittelbarer Nähe des Unternehmens. Der Besuch der Online-Präsenz ist mit einem realen Besuch des Firmengebäudes zu vergleichen. Wie die Bezeichnung Ho-

Darst. 13: Galerie und Album Charts im VH-1derland

mepage (Online-Präsenz im WWW) signalisiert, befindet man sich quasi beim Unternehmen zu Hause. In CMEs ist demzufolge eine direktere und persönlichere Beziehung zum Interessenten möglich als durch die Ansprache über herkömmliche Kommunikationsmittler. Eine weitere Stärkung ergibt sich durch die Einbeziehung der Zielgruppen in die Gestaltung der Online-Präsenz. Ein Beispiel liefert die Online-Präsenz des Musiksenders VH-1 im World Wide Web. VH-1 ermöglichte es Interessierten eigene Arbeiten aus den Bereichen Musik und Malerei zeitlich befristet im Bereich Galerie auf der Online-Präsenz auszustellen.

Lineare Beeinflussungskonzepte werden durch vernetztes Beziehungsmarketing abgelöst werden, Strategien zur Erreichung dieses Ziels gipfeln im Relationship-Marketing.

4.2.2 Kundenbindung

Hauptziel vieler neuer Kommunikationskonzepte ist die stärkere Bindung des Kunden an das Unternehmen und seine Produkte. Die Wichtigkeit der hier vorgestellten Ziele variiert von Branche zu Branche, in vielen Fällen ist jedoch Kundenbindung die Hauptmotivation für ein Engagement in CMEs.

Um das Oberziel Kundenbindung durch den Einsatz von Online-Medien zu erreichen, muß eine Bindung an die Online-Präsenz des Unternehmens realisiert werden. D.h. eine positive Beeinflussung im Sinne der Marketing-Kommunikation ist nur durch den, möglichst regelmäßigen, Besuch der Zielgruppe auf der Online-Präsenz möglich. Inwieweit eine Bindung an die Online-Präsenz gelingt, hängt von deren Inhalt ab. Je nach Produkt und Branche steht Information oder Unterhaltung im Vordergrund. Die Informationen können dabei über das eigentliche Produktfeld hinausgehen, solange sie der Positionierung entsprechen. Gilt die Online-Präsenz des Unternehmens als Anlaufstelle, für alle einen bestimmten Bereich betreffenden Informationen, kann über die Bindung an die Online-Präsenz eine Profilierung des Unternehmens erreicht werden.

Zur Verdeutlichung nochmals ein Beispiel aus dem VH-1derland. Auf der Web-Site von VH-1 befinden sich alle möglichen Informationen zum Thema Musik. Unter anderem die aktuellen Single und CD Charts sowie die Auftrittstermine momentan auf Tournee befindlicher Künstler. Im Bereich der kommerziellen Fernsehsender spielt Senderprofilierung und Zuschauerbindung durch außerhalb des Programms liegende Maßnahmen (Off-Air Promotion) eine immer stärkere Rolle. Markentreue auf Senderebene ist schwer zu erreichen. Durch die Positionierung der Online-Präsenz von VH-1 als Informationsquelle zu Musikfragen aller Art, wird eine Profilierung des Senders und somit eine Stärkung der Kundenbindung erreicht.

4.2.3 Imageverbesserung

Inwieweit ein Online-Engagement zur Imageverbesserung eingesetzt werden kann, hängt von den spezifischen Umfeldbedingungen der Unternehmung ab. Ein Einsatz ist vor dem Hintergrund des bestehenden Produkt- und Unternehmensimage zu prüfen. In Branchen, in denen beispielsweise Technologieführerschaft wichtig ist, können Online-Präsenzen beträchtlich zur Imagebildung beitragen. Im Computerbereich ist die Präsenz in CMEs mittlerweile selbstverständlich. Grundsätzlich ist im Investitionsgüterbereich leichter ein imagefördernder Einsatz möglich als im Konsumgüterbereich. Wichtige Beiträge können aber auch hier auf der Ebene des Unternehmensimage geleistet werden. Ein Engagement in CMEs kommuniziert Dialogbereitschaft und Innovationsfähigkeit. Der Einsatz muß ins Gesamtkonzept der Unternehmenskommunikation passen, ein Schielen auf kurzfristige Imagegewinne durch die momentane Aufmerksamkeit der Massenmedien könnte kontraproduktiv wirken. Wird die Online-Präsenz nicht gepflegt und laufend mit aktuellen Inhalten versorgt, wirkt sich ein Engagement auf die Dauer sogar imageschädigend aus.

4.2.4 Andere psychologische Zielgrößen

Neben den bereits behandelten Zielen kann der Einsatz von Online-Medien auch einen Beitrag zur Erreichung von, bisher auf Instrumentalebene eingesetzten, Werbezielen leisten. Diese auf das Wissen, die Einstellungen und die Handlungspräferenzen gerichteten psychologischen Ziele müssen die Online-Präsenz betreffend als Ziele der Unternehmenskommunikation definiert werden. In CMEs sucht die Online-Präsenz als Ganzes die bisher der Werbung zugedachten Ziele zu erreichen. Jedes auf der Online-Präsenz eingesetzte Kommunikationsinstrument behält sein spezifisches Instrumentalziel, da die Online-Präsenz aber immer als Ganzes wahrgenommen wird, muß eine konsequente Ausrichtung an den Zielen der integrierten Kommunikation erfolgen.

Beiträge zur Erreichung psychologischer Werbeziele können Online-Medien wie folgt leisten: *Eine Bekanntmachung von Produkt oder Marke* ohne kommunikativen Anstoß durch andere Medien ist nicht möglich. Da der Wunsch die Online-Präsenz annavigieren zu wollen vom Informationssuchenden kommen muß, kann die Errichtung einer Präsenz in CMEs nicht unmittelbar zur Erhöhung des Bekanntheitsgrades führen. Besteht die Online-Präsenz schon länger und ist es dem Unternehmen gelungen einen konstanten Besucherstrom zu generieren, läßt sich die Bekanntheit neuer Produkte, die nicht der Grund für den Besuch waren, in gewissem Umfang steigern. Zum *Bekanntmachen einer bestimmten Botschaft*, zum Beispiel bestimmter Produktmerkmale und Leistungen ist die Online-Präsenz des Unternehmens bestens geeignet. Produktinformationen lassen sich in nie dagewesener Tiefe zum weltweiten Abruf bereitstellen. Die Bekanntmachung von Produktinformationen kann als eines der Hauptzeile des Einsatzes von Online-Medien bezeichnet werden. Um optimale Ergebnisse zu erzielen, sind traditionelle und Online-

Medien ihren spezifischen Wirkungsbeiträgen entsprechend kombiniert einzusetzen. „Es kommt vermehrt...zur Aufgabenteilung: Bekanntheitsgrad, Markenimage über klassische Medien, substantielle Produkterläuterung interaktiv."[86]

Die Möglichkeiten einer *Einstellungsveränderung* sind am Ziel Image bereits dargestellt worden. Was die *Schaffung, Erhaltung und Veränderung von Präferenzstrukturen* betrifft, ist eine Aussage in diesem Stadium der Diffusion nur schwer möglich. Nur für die Computerbranche, die systembedingt eine gewisse Vorreiterrolle übernimmt, läßt sich sagen, daß ein Aufbau von Produktpräferenzen ohne ein Engagement in Online-Medien nicht mehr möglich ist. Um die Beiträge, die Online-Medien zur Erreichung der beschriebenen Ziele zu leisten vermögen, bewerten zu können, ist auf einen korrekten Segmentbezug zu achten.

4.3 Zielgruppen

Nach der Prüfung der Wirkungsbeiträge von Online-Medien auf der Zielebene ist nun die Frage nach der Erreichbarkeit relevanter Zielgruppen zu stellen. Die Nutzer von Online-Medien stellen kein repräsentatives Abbild der Gesamtbevölkerung dar, ein Engagement ist deshalb momentan nur Firmen zu empfehlen, die zumindest eine ihrer Unternehmens-Zielgruppen über Online-Medien erreichen können. Wenn die Entwicklung der Online-Medien in der momentanen Form weitergeht, ist mit einer Verschiebung der Nutzerstruktur hinsichtlich einer heterogeneren Zusammensetzung zu rechnen. Auf lange Sicht ist damit zu rechnen, daß die Diffusion der Online-Medien der des Fernsehens nahe kommt.

Deshalb soll im folgenden Abschnitt nicht darauf eingegangen werden, welche Zielgruppen zum momentanen Zeitpunkt schon besonders gut über Online-Medien zu erreichen sind, sondern auf die Art der Zielgruppenbestimmung für Kommunikation in Computer-Mediated Environments. Ansatzpunkte sind die Methode der Marktsegmentierung sowie der Grad der Differenzierung.

4.3.1 Revitalisierung des Meinungsführerkonzepts

In der Marketing-Forschung haben sich verschiedene Methoden zur Marktsegmentierung, und damit zur Zielgruppenbestimmung herausgebildet. Am gebräuchlichsten ist die Segmentierung nach sozio-demografischen bzw. psychografischen Kriterien sowie nach dem

---

[86] *Bunk, Burkhardt*: Positionierung in der Koexistenz, in: absatzwirtschaft (1995), Nr. 11, S. 69.

Kaufverhalten. Darüberhinaus existieren noch einige Spezialansätze sowie Modelle, mit deren Hilfe versucht wird, verschiedene Segmentierungskriterien zu verknüpfen.[87] Eine in der neueren Marketing-Literatur weniger beachtete Methode ist die Segmentierung nach soziologischen Kriterien. Hier definiert man als Zielgruppe der Kommunikation die sogenannten Meinungsführer. Als Meinungsführer oder engl. Opinion Leader werden Personen angesehen, die innerhalb einer sozialen Gruppe Berater-Status genießen und somit Einfluß auf die Kaufentscheidungen der anderen Mitglieder der Gruppe ausüben.[88] Das Problem dieses Konzepts ist die Identifizierung der Meinungsführer sowie deren Erreichbarkeit mit kommunikativen Mitteln.

Da, wie im vorigen Kapitel herausgearbeitet, Online-Medien durch die Fähigkeit zur Interaktion, sowohl zur personalen als auch zur Massenkommunikation einsetzbar sind, scheint eine nähere Betrachtung des Meinungsführer-Konzepts in CMEs sinnvoll. Interessant ist hier die Kommunikation in Diskussionsplattformen. Ein Projekt von *Aaron Benner* an der *Vanderbilt University* hat ergeben, daß innerhalb der Newsgroups des Internet Meinungsführer existieren. Er identifizierte Leute als Meinungsführer, die mehr Beiträge an die Newsgroup gepostet haben, als der Durchschnitt.[89] Dies ist natürlich nur eine quantitative Betrachtung. Ob die Beiträge dieser Teilnehmer Einfluß auf das Verhalten der übrigen Teilnehmer haben ist nicht bewiesen. Es ist allerdings aufgrund der in Diskussionsplattformen herrschenden Mentalität zu vermuten. „Eine erstaunliche Erfahrung ist der hohe Idealismus und die große Hilfsbereitschaft, die oft...anzutreffen ist. Auch in solchen Gemeinschaften scheint die Anerkennung effektivste Form der Belohnung zu sein. Information wird nicht mit Geld bezahlt, sondern mit Ansehen und Status."[90] Wer über längere Zeit durch hilfreiche Beiträge auffällt, genießt nach einiger Zeit einen Status, der vermuten läßt, daß seiner Meinung ein gewisses Gewicht beigemessen wird. Wird nun ein bestimmtes Produkt von ihm positiv oder negativ beurteilt, kann dies einen ernstzunehmenden Einfluß auf den Meinungsbildungsprozeß der anderen Teilnehmer haben. Wieviele Menschen eine Diskussionsplattform nutzen, ist nicht feststellbar, da man nur die aktiven

[87] Für eine Zusammenfassung der in der Literatur zu findenden Segmentierungskriterien, s. *Becker, Jochen*: Marketing-Konzeption – Grundlagen des strategischen Marketing-Managements, 5., verbesserte und ergänzte Auflage, München: Verlag Franz Vahlen, 1993, S. 230.

[88] Zum Meinungsführer-Konzept s. *Nieschlag, Robert/Dichtl, Erwin/Hörschgen, Hans*: Marketing, 16., durchges. Aufl. (bis 3. Aufl. unter d. Titel "Einführung in die Lehre von der Absatzwirtschaft"), Berlin: Duncker und Humblot, 1991, S. 474-477.

[89] *Benner*, Aaron: Word-Of-Mouth Communications in USENET Newsgroup, [URL: http://www.vanderbilt.edu/Owen/novak/students/aaron_final/662paper.html], 1994.

[90] *Falckenberg, Christian*: Internet – Spielzeug oder Werkzeug? – Einführung in Grundlagen und Anwendungen mit Diskussion sozialer und gesellschaftlicher Aspekte, Studienarbeit, Aachen, [URL: http://www.comnets.rwth-aachen.de/chf/Studienarbeit/internet.html], 1994.

Teilnehmer, also diejenigen, die Beiträge posten, messen kann. Man geht allerdings davon aus, daß die Zahl der passiven Teilnehmer, die nur Beiträge anderer Lesen, aber sich nicht selbst aktiv beteiligen (sog. lurkers), die Zahl der aktiven Teilnehmer um den Faktor zehn übersteigen. Man weiß außerdem, daß Diskussionsplattformen neben elektronischer Post der meistgenutzte Dienst in Online-Diensten und im Internet sind.

Darst. 14: Diskussion im Texas Instruments Forum bei CompuServe

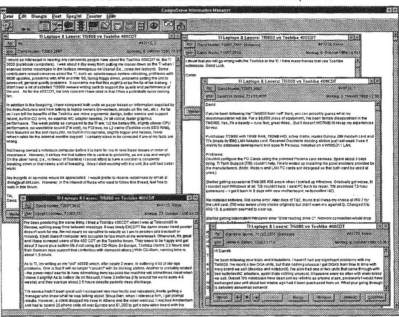

Das Problem der Erreichbarkeit der Meinungsführer ist natürlich auch in CMEs gegeben. Anders als in der „realen Welt" ist allerdings zumindest ihre E-Mail Adresse bekannt.[91] Ob allerdings der Versuch einer direkten Beeinflussung per E-Mail Sinn macht, ist stark zu bezweifeln. Da man aber davon ausgehen kann, daß Personen, die regelmäßig Beiträge in Diskussionsplattformen posten, auch sonst viel Zeit in CMEs verbringen, ist davon auszugehen, daß eine indirekte Beeinflussung über gut gemachte Online-Präsenzen erfolgversprechender ist.[92]

---

[91] Der Header von Beiträgen in Diskussionsplattformen enthält immer die E-Mail Adresse des Verfassers.
[92] Zu Anforderungen an die Gestaltung von Online-Präsenzen siehe Kapitel 6

Abschließend ist festzuhalten, daß das Meinungsführer-Konzept im Rahmen der Kommunikation durch Online-Medien eine Revitalisierung erfahren könnte, bezüglich des Einflusses und der Ansprache der Meinungsführer besteht noch weiterer Forschungsbedarf.

4.3.2 Ansprache multipler Zielgruppen

Die zunehmenden Sättigungserscheinungen in vielen Märkten, zwingen die Anbieter mehr auf qualitatives Wachstum zu setzen. Der dazu erforderliche Verkaufspreis pro Stück ist nur durch einen entsprechenden Zusatznutzen zu rechtfertigen. Dies führt zu einer stärkeren Segmentierung bis hin zur Individualisierung der Märkte. Für die Kommunikation bedeutet dies, die Produkte müssen „spitz" positioniert werden, die Zielgruppenbeschreibungen werden immer spezieller und komplexer, die Zielgruppen immer kleiner. Je kleiner allerdings die Zielgruppen werden, je größer wird das Problem der Erreichbarkeit. Online-Medien bieten hier einen Ansatzpunkt. Durch die Globalität zumindest des Internet, ist es möglich mittels einer Online-Präsenz (Homepage) kleinste Zielgruppen in der englisch sprechenden Welt zu erreichen. Die vergleichsweise geringen Kosten eines solchen Engagements, lassen in bestimmten Produktbereichen die Bedienung selbst extrem kleiner Segmente mit eigenen Angeboten zu.

Die Zielgruppen der Unternehmenskommunikation sind vielfältig und bestehen nicht nur aus Kunden bzw. potentiellen Kunden. Anteilseigner, Mitarbeiter, Lieferanten, Presse etc. stellen Anspruchsgruppen des Unternehmens dar, die in die Unternehmenskommunikation miteinbezogen werden müssen. Normalerweise werden die verschiedenen Zielgruppen der Kommunikation über unterschiedliche Kanäle angesprochen. Online-Präsenzen bieten die Möglichkeit alle Zielgruppen über ein Medium anzusprechen. Über verschiedene Einstiegspunkte kann jeder Zielgruppe die Information angeboten werden, die für sie von Interesse ist. Der Einsatz von Online-Präsenzen zur Ansprache unterschiedlicher Anspruchsgruppen wird im nächsten Kapitel am Beispiel der PR-Arbeit erläutert.

Interessant wird der Einsatz von Online-Medien, wenn es gilt nicht nur unterschiedliche Zielgruppen mit speziell für sie aufbereiteten Informationen zu versorgen, sondern innerhalb einer Zielgruppe unterschiedliche Nutzenerwartungen zu erfüllen. Solange man eine differenzierte Marktansprache aufgrund einer Marktsegmentierungsstrategie betreibt, ist es möglich ein Produkt sehr exakt zu positionieren. Die Zielgruppe weist signifikante Gemeinsamkeiten auf, an denen bei der Positionierung angesetzt werden kann. Verfolgt man eine Massenmarktstrategie ist dies anders, hier muß das Produkt relativ breit positioniert werden, um den unterschiedlichen Erwartungen gerecht zu werden. Eine Profilierung ist nur schwer zu erreichen. Während ein Teil der Zielgruppe emotional angesprochen werden könnte, kann es sein, daß damit der Teil, der das Produkt wegen des Grundnutzens schätzt, vergrault wird. Die Gefahr der Profillosigkeit von Gütern des Massenmarketings ist die Folge.

Über Online-Medien ist es theoretisch möglich, verschiedene Angebotseigenschaften parallel zu kommunizieren. Dies könnte bis zu sich widersprechenden Aussagen gehen. Bedingung ist nur, daß es gelingt den Nutzer auf den Teil der Online-Präsenz zu „ziehen", der die von ihm favorisierten Nutzenerwartungen enthält.

Dies soll am Beispiel des Produktes Politik verdeutlicht werden. Als Zielgruppe fungieren hier alle wahlberechtigten Bürger. Jeder hat eine Stimme, eine Konzentration auf besonders junge oder kaufkräftige Zielgruppen macht also wenig Sinn, zumindest wenn man Mehrheiten erzielen möchte. Ziel der großen Parteien muß es also sein, innerhalb ihrer Überzeugungen für jeden etwas zu bieten, um nicht zu sagen, es allen recht zu machen. Im Bereich der Kommunikation führt das zu den Entscheidungsfeldern: Personenwahlkampf – Inhaltswahlkampf und emotionale – rationale Ansprache.. Wird über die klassischen Medien ein sowohl aus auch versucht, ist eine Verärgerung bzw. Überforderung von bestimmten Wählerschichten möglich, da die Zusammensetzung der Rezipienten nicht vorhergesagt werden kann. In den Online-Präsenzen der Politiker bzw. der Parteien

Darst. 15: Grundsatzprogramm der ÖVP und Wolfgang Schüssels Mascherlsammlung

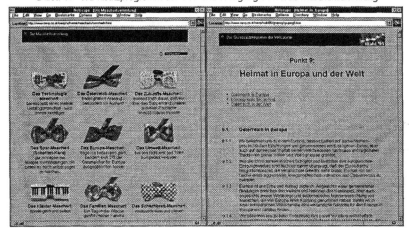

kann dieser Spagat durchaus gewagt werden. Es kann das politische Programm der entsprechenden Partei für verschiedene Wählerschichten unterschiedlich aufbereitet werden. Es muß nur gelingen, den Informationssuchenden auf das für ihn bestimmte Angebot zu „geleiten", ohne daß er die Angebote für die anderen Wählerschichten automatisch mitlesen muß. Während der letzten Gouverneurswahlen in den USA waren schon Ansätze in diese Richtung zu beobachten, ein gutes Beispiel zeigt auch der „Wahlkampfserver" der Österreichischen Volkspartei. Die Herausforderung der Zukunft in diesem Bereich wird es sein, die Nutzer anhand der Adresse ihres Zugangsservers zu clustern und ihnen individualisierte Informationsangebote zu unterbreiten.

4.4 Strategische Ansatzpunkte

Durch die in Computer-Mediated Environments herrschenden Kommunikationsbedingungen ergeben sich neue Gestaltungsmöglichkeiten für die zwischen den Marktteilnehmern herrschenden Beziehungen. Von strategischer Bedeutung ist insbesondere die Errichtung und Aufrechterhaltung von Kommunikationsbeziehungen zu Kunden und potentiellen Kunden.

4.4.1 Erweitertes Relationship-Marketing

Nach der Evolution des Marketing vom Massen- zum Zielgruppenmarketing erwartet *Meffert* eine Fortsetzung dieser Entwicklung hin zu einer weiteren Individualisierung des Marketing. Dies erfordert seiner Meinung nach sowohl eine stärkere Kundenorientierung, hin zu einem 'one-customer-approach', als auch eine Anpassung der Marketinginstrumente.[93] „**Individualisiertes Marketing** setzt dabei den verstärkten Kundendialog voraus. Bedingt durch die Entwicklung der Kommunikationstechnologie tritt damit an die Stelle linearer Kommunikations- und Beeinflussungskonzepte ein **vernetztes Beziehungsmarketing.**"[94] *Bruhn/Bunge* sehen eine „Rückbesinnung oder Konzentration des Marketing auf das Kernelement bzw. die Leitidee der zwischen Marktteilnehmern stattfindenden Austauschbeziehungen .. In der Literatur wird dies im allgemeinen mit dem

---

[93] *Meffert, Heribert*: Marktorientierte Unternehmensführung im Umbruch – Entwicklungsperspektiven des Marketing in Wissenschaft und Praxis, in: *Manfred Bruhn/Heribert Meffert/Friedrich Wehrle* (Hrsg.): Marktorientierte Unternehmensführung im Umbruch -- Effizienz und Flexibilität als Herausforderung des Marketing, Stuttgart: Schäffer-Poeschel, 1994, S. 28.

[94] *Meffert, Heribert*: Marktorientierte Unternehmensführung im Umbruch – Entwicklungsperspektiven des Marketing in Wissenschaft und Praxis, in: *Manfred Bruhn/Heribert Meffert/Friedrich Wehrle* (Hrsg.): Marktorientierte Unternehmensführung im Umbruch – Effizienz und Flexibilität als Herausforderung des Marketing, Stuttgart: Schäffer-Poeschel, 1994, S. 28, Hervorhebungen bereits im Original.

Begriff ‚Relationship Marketing' bzw. ‚Beziehungsmarketing' bezeichnet."[95] Träger der Austausch- oder Geschäftsbeziehungen können im internen und externen Unternehmensumfeld liegen. Maßnahmen des Relationship Marketing betreffen alle Bereiche des Marketing-Mix. Für die Kommunikationspolitik betonen *Bruhn/Bunge* hauptsächlich den Dialog- und Interaktionsgedanken, für dessen Umsetzung sie den Einsatz „neuer" Medien empfehlen (Telemarketing, Data-Base-Marketing, DRTV etc.).[96]

Aus strategischer Sicht ist somit Relationship Marketing einer der vorrangigen Einsatzzwecke von Online-Medien. Ihre Interaktionsfähigkeit erlaubt es mit den unterschiedlichen Unternehmenszielgruppen einen Dialog zu beginnen und eine Partnerschaft aufzubauen. Dialogkommunikation über Online-Medien besteht aus den Komponenten Kontaktaufnahme, Informationsauswahl und Rückmeldung. Die Kontaktaufnahme geht immer von den Mitgliedern der Zielgruppe aus. Der Dialog kann aber nur in Gang kommen, wenn vorher das Unternehmen Informationen bereitstellt bzw. Kommunikationsbereitschaft signalisiert. „Companies initiate dialogue by opening themselves to consumer access; they sustain it by involving consumers as partners..."[97] Unternehmen können mit Online-Medien sich in unterschiedlichen Intensitätsstufen dem Dialog öffnen. Die schwächste Form ist die Kommunikation der E-Mail Adresse des Unternehmens, die weitentwickelteste Form ist die Einbeziehung des Kunden in die Geschäftsprozesse des Unternehmens über Online-Präsenzen. Im Bereich der Produktpolitik wird dies bereits rege genutzt. Unternehmen beziehen ihre Kunden in den Prozeß der Produktentwicklung mit ein und versuchen so, Produkte zu schaffen, die den tatsächlichen Kundenwünschen besser entsprechen. Für die Kommunikationspolitik ist dabei wichtig, daß bereits vor der Markteinführung eine Beziehung zum Produkt besteht. Die Zeit um eine Markenbindung bei Neuprodukten zu erreichen ist somit länger.

Für *McKenna* ist nicht mehr **Time to Market** einer der Erfolgsfaktoren der 90er sondern **Time to Acceptance.** „The concept of time to acceptance includes the customer as an integrated, contributing partner. A product launch is not an isolated event but a milestone in a relationship with the customer - a relationship that begins with design and continues

---

[95] *Bruhn, Manfred/Bunge, Bettina:* Beziehungsmarketing – Neuorientierung für Marketingwissenschaft und -praxis?, in: *Bruhn, Manfred/Meffert, Heribert/Wehrle, Friedrich* (Hrsg.): Marktorientierte Unternehmensführung im Umbruch – Effizienz und Flexibilität als Herausforderung des Marketing, Stuttgart: Schäffer-Poeschel, 1994, S. 47, Hervorhebungen bereits im Original.

[96] *Bruhn, Manfred/Bunge, Bettina:* Beziehungsmarketing – Neuorientierung für Marketingwissenschaft und -praxis?, in: *Bruhn, Manfred/Meffert, Heribert/Wehrle, Friedrich* (Hrsg.): Marktorientierte Unternehmensführung im Umbruch – Effizienz und Flexibilität als Herausforderung des Marketing, Stuttgart: Schäffer-Poeschel, 1994, S. 65-66

[97] *McKenna, Regis:* Real-Time Marketing, in: Havard Business Review 17 (1995), No. 4, p. 91.

long after the product passes into the customers's possession."[98] Um den Dialog auch nach dem Kauf aufrecht zuhalten, bieten Online-Präsenzen verschiedene Ansatzpunkte. Im Bereich des After Sales Service ist es beispielsweise möglich die häufigsten Fragen zur Anwendung des Produktes in sogenannte FAQ Listen zusammenzufassen und es so dem Kunden zu ermöglichen, sein Problem zu lösen, ohne daß er die Hotline anrufen muß. Auch einen Bereich, in dem Kunden Verbesserungsvorschläge und Ideen hinterlassen können sollte die Online-Präsenz enthalten.

Die Möglichkeiten Kunden in die Unternehmensprozesse einzubeziehen sind vielfältig. *Federal Express* ist hierfür ein gutes Beispiel. Kunden können über die Homepage von *Federal Express* im World Wide Web den Status ihrer Lieferung erfahren. Die Web-Site ist mit dem weltweiten Informationssystem von *Federal Express* verbunden, das es erlaubt jederzeit den Aufenthaltsort aller Sendungen zu bestimmen. Nach der Auslieferung kann sogar der Name der Person, die das Paket entgegengenommen hat, sowie der des Fahrers, abgefragt werden.[99]

Darst. 16: Federal Express' Web Tracking Service

---

[98] *McKenna, Regis*: Real-Time Marketing, in: Havard Business Review 17 (1995), No. 4, p. 92.
[99] Vgl. *Rayport, Jeffrey F./Sviokla, John J.*: Exploiting the Virtual Value Chain, in: Havard Business Review 17 (1995), No. 6, p. 76.

4.4.2 Der Prosumer der Information

Die Einbeziehung des Kunden in die Geschäftsprozesse und der Trend zur Individualisierung führen in letzter Konsequenz zur Rolle des Kunden als Co-Produzenten; er wird zum Prosumer (**Producer** - **Consumer**).[100] Die Besonderheiten der Online-Medien lassen auch in der Unternehmenskommunikation eine solche Situation entstehen. Der Nachfrager der Information wird zu ihrem Mitgestalter. „The medium reintegrates producers and consumers, makes them all co-producers."[101]

Der Grund liegt in der zweiten und dritten Komponente des Prozesses der Dialogkommunikation, der Informationsauswahl und der Rückmeldung. Nachdem das Unternehmen durch die Bereitstellung von Informationen die Voraussetzung für einen Dialog geschaffen hat, liegt die Kontrolle völlig beim Informationsnachfrager. Er entscheidet welche Angebote er wahrnimmt, welche Informationen er abrufen möchte. Ist dies noch mit der Wahl zwischen verschiedenen Farben und Bezügen beim Autokauf zu vergleichen, geht seine Rolle durch die Komponente Rückmeldung weit über die Mitwirkung in der Produktpolitik hinaus. Dadurch, daß die Navigation durch die Online-Präsenz eines Anbieters automatisch mitprotokolliert werden kann, ist jederzeit meßbar, welche Informationen wie oft abgerufen worden sind, und wo sich die Besucher wie lange aufgehalten haben. Darauf basierend können die Anbieter das Angebot dem Verhalten der Nachfrager anpassen. Nachdem Produktion und Bereitstellung der Inhalte zeitlich zusammenfallen, ist eine Anpassung des Angebots nahezu in Echtzeit möglich.

Die Machtverhältnisse haben sich bei der Marketingkommunikation über Online-Medien im Vergleich zu klassischen Medien zu Gunsten des Rezipienten verändert. „If the remote control was the great equalizer in the battle between advertiser and television viewer, Mosaic[102] and the mouse may shift power completely to the hands of the customer".[103] „The internet as a commercial environment is highly democratic - consumers can and do exercise more power than in other marketing situations."[104] Gelingt es allerdings dem Informationsanbieter seine Online-Präsenz interessant und spannend zu gestalten, ist die Aufenthaltszeit nur durch das Zeitkontingent der Nachfrager beschränkt. Um bei

---

[100] Zum Konzept der Prosumers s. *Sutrich, Othmar*: Prozeßmarketing anstelle des Mix, in: Havard Business Manager 72 (1994), Nr. 1, S. 118-125.

[101] *Michalski, Jerry*: People are the Killer App., in: Forbes (1995), Iss: ASAP Supplement, p. 122.

[102] Mosaic war der erste multimedia- und hypertexfähige Browser zur Benutzung des World Wide Web.

[103] *O'Connel, Gerald M.*: A New Pitch – Advertising on the World-Wide Web is a Whole New Ball Game, in: Internet World 6 (1995), No. 5, p. 55.

[104] *Cross, Richard*: Internet: The Missing Marketing Medium Found, in: Direkt Marketing Magazine 57 (1994), No. 6,

O'Connells Vergleich mit der Fernsehwerbung zu bleiben, bedeutet dies, nicht mehr das Werbebudget entscheidet über die Spotlänge, sondern der Inhalt.

5 Implikationsmöglichkeiten im Kommunikations-Mix

Nachdem im vorherigen Kapitel die Möglichkeiten von Online-Medien auf Ebene der Basisstrategie der integrierten Unternehmenskommunikation erörtert wurden, sollen in diesem Kapitel nun konkrete Ansatzpunkte im Kommunikations-Mix aufgezeigt werden. Dabei soll es nicht nur um die Erweiterung bestehender Konzepte durch Online-Medien, sondern auch um den Einsatz von Kommunikationsinstrumenten in Computer-Mediated Environments gehen.

Dabei soll sich die Darstellung auf die klassischen Instrumente zuzüglich Sponsoring beschränken, die in jüngster Zeit neu hinzugekommenen Instrumente wie Event-Marketing, Szene-Marketing etc. werden nicht berücksichtigt. Dies liegt daran, daß eine Zuordnung der Kommunikationsmaßnahmen zu den einzelnen Instrumenten in CMEs ohnehin nur schwer möglich und teilweise rein theoretischer Natur ist. Eine Aufnahme der neuen Instrumente in die Betrachtung trägt deshalb, nicht zur Klarheit bei, sondern würde die aufzuzeigenden Konzepte nur verwässern. Von der Trennung der Instrumente ganz abzurücken oder Kommunikation in CMEs als eigenes Instrument zu definieren scheint trotzdem nicht angebracht, in der Literatur teilweise auftauchende Begriffe wie CyberMarketing oder Virtual-Marketing werden deshalb auch weiterhin nicht verwendet. Sponsoring wird in die Betrachtung mit aufgenommen, da ihm eine wichtige Rolle innerhalb der Kommunikation in CMEs zukommt, und sich für die Zukunft interessante Entwicklungsmöglichkeiten aufzeigen. Direkt-Marketing wird als gesondertes Instrument nicht aufgeführt, da durch die Interaktivität der gesamte Bereich der Kommunikation mit Online-Medien dem Direkt-Marketing zugerechnet werden könnte. Inwieweit dies sinnvoll ist soll nicht weiter erörtert werden, da die Fähigkeit der Online-Medien zur Individual-und Massenkommunikation kein befriedigendes Ergebnis erwarten lassen.

5.1 Werbung

Innerhalb der Kommunikationspolitik hat die Werbung, zumindest im Konsumgüterbereich, den höchsten Stellenwert.[105] Nach *Berndt* ist „Gegenstand der Werbung...die Belegung von Werbeträgern durch Werbemittel gegen ein leistungsbezogenes Entgelt, um

---

[105] S. *Fantapié Altobelli, Claudia*: Charakterisierung und Arten der Werbung, in: *Ralph Berndt/Arnold Hermanns* (Hrsg.): Handbuch Marketing-Kommunikation – Strategien – Instrumente – Perspektiven – Werbung – Sales Promotions – Public Relations – Corporate Identity – Sponsoring – Product Placement, Wiesbaden: Gabler, 1993, S. 243.

vorgegebene Werbeziele zu erreichen."[106] Die wichtigsten Werbeträger sind die elektronischen Medien, insbesondere das Fernsehen, sowie die Print-Medien. Die Werbeeinnahmen stellen für die meisten Medien die wichtigste Einnahmequelle dar. Die Privaten Fernsehsender finanzieren sich zu 100% aus Werbung, bei Zeitungen/Zeitschriften liegt der Anteil meist über 50%. Die Nutzer dieser Medien haben Werbung als Teil der Finanzierung akzeptiert. Die Beurteilung reicht von „...auch ein Kaufgrund" (hochwertige Frauentitel) bis zu „notwendiges Übel" (Privatfernsehen).[107]

1994 betrugen die Werbeeinnahmen der statistisch erfaßten Werbeträger in Deutschland 34 Mrd. DM.[108] Dagegen nimmt sich Werbung in Online-Medien noch sehr bescheiden aus. Laut einer Studie von *Forrester Research* werden 1995 weltweit die Ausgaben für Online-Werbung, in den nachfolgend beschriebenen Formen, 10 Millionen US Dollar nicht übersteigen. Für das Jahr 2000 wird allerdings schon eine Zahl von 2,2 Mrd. US$ vorhergesagt.[109]

5.1.1 Terminologische Einordnung

Werbung in Computer-Mediated Environments ist eigentlich kein neues Thema. Bereits bei Einführung von BTX und dem französischen Minitel machte sich die Marketingforschung Gedanken über deren Nutzungsmöglichkeiten als Werbeträger.[110] Praktische Relevanz hat das Thema allerdings erst durch das rasante Wachstum des World Wide Web während des Jahres 1995 erlangt. Während bei den Online-Diensten der ersten Stunde die Praxis nicht so recht der Theorie folgen wollte, ist eine aktuelle Standortbestimmung der Werbung im WWW nur über die Praxis möglich, die Marketingtheorie scheint der Geschwindigkeit der Entwicklung nicht folgen zu können.

5.1.1.1 Begriffsbestimmung

Eine genaue Definition, was unter Werbung mit Online-Medien bzw. in CMEs zu verstehen ist, existiert nicht. In der Literatur werden die verschiedensten Maßnahmen der Un-

---

[106] *Berndt, Ralph*: Marketing 2 – Marketing-Politik, 2., verb. Aufl., Berlin u.a.: Springer-Verlag, 1992, S. 224.

[107] Vgl. *o. V.*: Einstellung zur Werbung 1994, in: Horizont (1995), Nr. 28, S. 22.

[108] S. *Zentralverband der deutschen Werbewirtschaft* (Hrsg.): Werbung in Deutschland 1995, Verlag Edition: ZAW, Bonn: 1995.

[109] Vgl. *Maddox, Kate/Wagner, Mitch/Wilder, Clinton*: Making Money on the Web, in: Information Week (1995), No. 543, p. 31, [URL: http://techweb.cmp.com:80/techweb/programs/cmp_waisgate?RF= 823405680.17258&num=5#head].

[110] Vgl. beispielsweise *Meffert, Heribert* unter Mitarb. von *Jürgen Althans* et al.: Bildschirmtext als Kommunikationsinstrument – Einsatzmöglichkeiten im Martketing, Stuttgart u.a.: Kohlhammer, 1983.

ternehmens-Kommunikation der Werbung zugerechnet. Dies reicht bis zur Klassifizierung jedweder Aktivitäten von Unternehmen in Online-Diensten und im Internet als Werbung.[111] Eine Erklärung für diese Praxis liefert die Geschichte des Internet. Das Backbone des Internet, das NSFnet, wurde lange Zeit durch die Amerikanische Regierung finanziert und war nur für wissenschaftliche und militärische Zwecke bestimmt. Eine kommerzielle Nutzung war nicht gestattet. Durch die Übernahme des Backbones durch Telefon- und Kabelgesellschaften änderte sich dies zwar, im Gegensatz zu kommerziellen Online-Diensten liegt der Ursprung des Internet aber klar im wissenschaftlichen Bereich. Die Einstellung der Nutzer zu kommerzieller Nutzung im allgemeinen und zur Werbung im speziellen ist daher vor einem anderen Hintergrund zu betrachten. Schön verdeutlicht dies ein Zitat aus einem Report der *Working Group on Internet Advertising*: „For the purposes of this paper, we have chosen to define advertising more broadly, incorporating publicity, public relations, and just plain promotion of a product or service, commercial or nonprofit. Like Justice Hugo Black, we may not be good at defining it, but we know it when we see it."[112]

Insbesonders die gängige Praxis Online-Präsenzen der Werbung zuzurechnen scheint nicht sinnvoll. Ansetzend an *Berndts* allgemeiner Werbedefinition soll dies kurz erläutert werden.

1. Leistungsbezogenes Entgelt: Dies umfaßt die Aufwendungen für die Produktion der Werbemittel und die Belegung der Werbeträger. Mit der Errichtung einer Online-Präsenz ist keine Werbeträgerbelegung verbunden. Der Interessent muß selbständig den Weg zur Online-Präsenz des Anbieters finden, er wird nicht mit der Werbebotschaft konfrontiert ohne den Wunsch dazu geäußert zu haben. Genau dies ist aber der Sinn von Werbeträgern. Werbung in diesem Sinne kann deshalb nie auf der eigenen Online-Präsenz stattfinden.

2. Werbebotschaft: Werbung wird oft nur unterbewußt und ohne großes Interesse wahrgenommen. Die Werbebotschaften sind deshalb oft einfach strukturiert um bei entsprechend häufiger Wiederholung trotzdem im Gedächtnis der Rezipienten haften zu bleiben. Außerdem steht für die Mitteilung der Botschaft nur wenig Zeit zur Verfügung, eine ge-

---

[111] Vgl. beispielsweise *Strangelove, Michael*: Advertising on the Internet Frequently Asked Questions and Answers, [URL: gopher://gopher.fonorola.net/11/Internet%20Advertising%20FAQ/Internet%20Advertising% 20FAQ.html], 1994, oder *Hawkins, Donald T.*: Electronic Advertising on Online Information $y$tem$, in: Online 18 (1994), No. 2, pp. 26-40.

[112] *The Working Group on Internet Advertising*: Electronic Billboards on the Digital Superhighway, [URL: http://www. cni.org/projects/advertising/www/adpaper.html], 1994.

naue Vorstellung des Produktes ist nicht möglich. Die Werbepraxis geht unter anderem deshalb immer mehr zur Bildkommunikation über und verzichtet durch eine emotionale Ansprache der Rezipienten zusehends völlig auf „harte" Produktfakten.[113] Werbebotschaften dieser Art finden sich aber nicht auf Online-Präsenzen. Dies ist auch, betrachtet man die Rahmenbedingungen der Informationsaufnahme, durchaus verständlich. Nutzer besuchen freiwillig die Online-Präsenz des Anbieters, ein entsprechendes Interesse kann also vorausgesetzt werden. Es besteht außerdem keine zeitliche Beschränkung, die Botschaft muß nicht kurz und einprägsam sein. Eine Belegung der eigenen Online-Präsenzen mit Werbung ist aus Sicht der Werbebotschaft zwar nicht ausgeschlossen, aber wenig sinnvoll – keiner würde sie anwählen. Die Praxis bestätigt dies. Am häufigsten findet sich auf den Online-Präsenzen der Unternehmen Informationen, die der Produkt-PR oder der Verkaufsförderung zugerechnet werden können.[114]

Werbung in CMEs ist aber trotzdem möglich und wird auch reichlich praktiziert. Meist in Form von Werbebotschaften auf den Online-Präsenzen anderer Anbieter mit einem kurzen Slogan, der die Nutzer zum Besuch der eigenen Online-Präsenz bewegen soll. Um die Untersuchung der Werbung in CMEs von einem klaren Fundament fortsetzen zu können, wurde in Anlehnung an *Berndt* eine eigene Definition entwickelt.

Gegenstand der Werbung in Computer-Mediated Environments ist die entgeltliche Belegung von Online-Präsenzen Dritter mit hyperlinkfähigen Werbebotschaften multimedialer Form, zur Erreichung vorbestimmter Ziele.

Als Werbeträger fungieren hierbei die Online-Präsenzen Dritter, wobei dies sowohl Medien sein können, die ihr Angebot in CMEs vertreiben, aber auch jeder andere Anbieter, der eine ausreichende Anzahl regelmäßiger Besucher auf seiner Online-Präsenz vorweisen kann.

Die Werbebotschaft wird in multimedialer Form auf der Online-Präsenz der Werbeträger plaziert. D.h. sie kann aus Text, Grafik, Audio, Video oder Animationen bestehen. In der

---

[113] Vgl. *Kroeber-Riel, Werner*: Strategie und Technik der Werbung – Verhaltenswissenschaftliche Ansätze, 4. Aufl., Kohlhammer Edition Marketing, Hrsg. von Richard Köhler/Heribert Meffert, Stuttgart/Berlin/Köln: Kohlhammer, 1993, S. 16-20

[114] Die Ausnahme bestätigt natürlich auch hier die Regel. Firmen, deren Werbespots Kultcharakter genießen beziehen dies in ihre Online Strategie mit ein und stellen die Spots auf der Homepage zum Download bereit. Außerdem wird der Interessent mit Informationen rund um die Produktion des Spots versorgt. Während der On-Air Phase des Clayman Spots von *Levi's Strauss* konnte man auf *Levi's* Homepage im Internet beispielsweise Informationen über die Modellierung der Knetgummifiguren abrufen.

Praxis sind bisher die Formen Text und Grafik möglich, einem zukünftigen Einsatz der anderen Formen steht theoretisch jedoch nichts entgegen.

Wenn die Werbebotschaft beim Rezipienten Interesse an weiteren Informationen geweckt hat, kann dieser durch einfaches Anklicken auf die Online-Präsenz des Werbers gelangen. Um dies zu ermöglichen muß der Werbebotschaft ein Hyperlink hinterlegt werden können.

Nach dieser theoretischen Betrachtung sollen im nächsten Schritt die praktischen Möglichkeiten in Online-Diensten und im Internet erläutert und dann näher auf den Werbeträgermarkt im World Wide Web eingegangen werden.

5.1.1.2 Erscheinungsformen

Mit Ausnahme von T-Online ist bisher in keinem der in Deutschland vertretenen Online-Dienste Werbung möglich. Die Firmen können die Angebote innerhalb ihrer Online-Präsenz frei gestalten, eine Möglichkeit durch Werbung im System darauf aufmerksam zu machen ist nicht möglich. Alle Betreiber denken jedoch momentan darüber nach ihrer Systeme für Werbung zu öffnen. Bei AOL soll eine bezahlte Plazierung des Logos in Rubrikenübersichten möglich sein, eWorld, MSN und CompuServe wollen Hyperlinks zu Angeboten im Internet zulassen.[115] Da alle kommerziellen Online-Dienste momentan damit beschäftigt sind ihre Systeme Hypertextfähig zu machen und dem Internet zu öffnen ist davon auszugehen, daß Werbung in diesen Systemen dann dem oben aufgestellten Modell entsprechen wird.

Seit dem Start von T-Online unter dem Namen Bildschirmtext 1984 können einzelne BTX-Seiten mit Werbebalken belegt werden. Die durch den CEPT-Standard begrenzte Darstellung bietet jedoch wenig Spielraum bei der Gestaltung der Werbebotschaften. Alles in allem ist der Verkauf von Werbefläche kein wichtiger Bestandteil der Finanzierung von Online-Präsenzen in BTX geworden. Die Anbieter von Inhalten refinanzieren sich größtenteils durch Gebühren für den Abruf der Seiten. Im auf dem KIT Standard basierenden modernen Teil von T-Online ist noch keine Werbeplazierung festzustellen gewesen. Es ist davon auszugehen, daß sich der Stellenwert der Werbung in T-Online nicht verändern wird, auf eine genauere Betrachtung kann deshalb verzichtet werden.

---

[115] Vgl. o. V. Kurswechsel bei Compuserve in: W&V Future (1995), Sonderheft 1995, Nr. 51/52, S. 40.

Darst. 17: Werbung in BTX und Rubrikenübersicht in AOL

Das einzige Online-Medium, in dem Werbung im Moment in sinnvollen Größenordnungen möglich ist, ist das World Wide Web des Internet. Konkret sieht dies so aus, daß auf der Homepage häufig frequentierter „Sites" ein Banner mit einer Werbebotschaft oder das Logo eines anderen Anbieters plaziert wird. Klickt der Besucher nun auf die Botschaft oder das Logo, gelangt er per Hyperlink auf die Homepage des Werbenden. Die Banner haben meist eine Größe von 420-490 x 70-80 Pixel[116] und befinden sich am oberen oder unteren Ende der Web-Seite.[117] Je nachdem wie der Gestalter die Werbung in die Web-Seite integrieren möchte sind auch andere Formate und Plazierungen möglich, Werbung im WWW ist noch sehr neu, entsprechende Standards müssen sich erst noch entwickeln.

5.1.2 Strategische Planung

Die strategische Werbeplanung hat bei Werbung in CMEs (noch) nicht den Stellenwert wie bei Werbung mit klassischen Medien. Die Strategie wird stark von den technischen Möglichkeiten bestimmt, Fragen der Mediaplanung stehen häufig im Vordergrund. Gesicherte wissenschaftliche Erkenntnisse, was Werbewirkung oder Gestaltungsfragen betrifft stehen noch nicht zur Verfügung. Viele Fragen der Werbeplanung in klassischen Medien stellen sich aufgrund der reduzierten Gestaltungsmöglichkeiten in CMEs nicht. Auf einer Fläche von 450x80 Pixel lassen sich nunmal keine Erlebniswelten generieren.

---

[116] Welche Größe der Banner auf dem Monitor in Zentimerter einnimmt hängt von der gewählten Grafikauflösung des Nutzers ab.
[117] S. *Anonymous*: Everything You Ever Wanted to Know About Site Sponsorship...But Didn't Know Who to Ask!, in: Who's Marketing Online? 1 (1995), No. 11, [URL: http://www.mindspring.com/~dmonline/Track/CoverStory.html]

5.1.2.1 Werbeziele

Die Ziele der Online-Werbung lassen sich in ein Hauptziel und mehrere Nebenziele einteilen. Hauptziel ist es durch die Werbebotschaft Nutzer auf die eigene Online-Präsenz „zu
locken". Der Werbebanner muß also so gestaltet sein, daß er bei möglichst vielen Nutzern
Interesse oder Neugierde für die Angebote des werbetreibenden Unternehmens weckt.
Ein Vorteil dieses Ziels ist die exakte Messbarkeit. Jeder Nutzer, der auf den Banner klickt
wird registriert, eine Erfolgsmessung in diesem Sinne findet quasi in Echtzeit statt.

Nebenziele sind die klassischen Werbeziele wie Erhöhung des Bekanntheitsgrads, Bekanntmachung der Botschaft, Schaffung von Produkt- oder Unternehmensimage, Erhaltung von Präferenzstrukturen etc. Werbung auf den Online-Präsenzen Dritter kann nur
einen begrenzten Beitrag zur Erreichung dieser Werbeziele leisten. Die Beschränkung in
der Größe der Werbeplazierung macht beispielsweise die Bekanntmachung von Produkt-
vorteilen nur bedingt möglich. Ziele, die für die Werbung auf Online-Präsenzen Dritter nur
als Nebenziele fungieren können, werden auf der eigenen Homepage adressiert. Ist es
gelungen Interessenten auf die eigene Online-Präsenz zu bewegen, können dort Ziele wie
Schaffung von Produktimage und Verhaltensänderung der Rezipienten verfolgt werden.[118]

5.1.2.2 Entscheidungsverlagerungen

Nicht nur im Bereich der Werbeziele findet eine Verlagerung bestimmter Fragestellungen
auf die Ebene der Gestaltung der eigenen Online-Präsenz statt. Die Werbeplanung redu-
ziert sich weitestgehend auf die Frage wie es gelingt, genügend Nutzer zum Besuch der
eigenen Online-Präsenz zu bewegen. Strategische Überlegungen, die normalerweise im
Bereich der Werbeplanung angestellt werden müssen, beziehen sich jetzt auf den übergeordneten Prozeß der Kommunikationsplanung in Computer-Mediated Environments.
Da die Online-Präsenz Maßnahmen der unterschiedlichen Kommunikationsinstrumente
beinhaltet, und auf ihr mehrere Unternehmens-Zielgruppen angesprochen werden, besteht ein regelrechter Zwang zur integrierten Kommunikation. Fragestellungen, die bisher
der strategischen Werbeplanung zugerechnet wurden, rutschen im Prozeß der Kommunikationsplanung eine Ebene höher und müssen bei der Erarbeitung der allgemeinen
Kommunikationsstrategie berücksichtigt werden.

---

[118] Vgl. dazu die im letzten Kapitel auf der Ziel- und Strategieebene gemachten Ausführungen.

5.1.3 Werbeträger

Jede der derzeit ca. 40.000 WWW Seiten kann grundsätzlich als Werbeträger fungieren. Von Interesse sind hauptsächlich die Seiten, die durch ihren Inhalt regelmäßig eine stabile Anzahl von Besuchern anziehen. Je nach Zielgruppe des werbenden Unternehmens ist dabei die Anzahl und/oder die Zusammensetzung der Besucher entscheidend. Im 4. Quartal 1995 boten 176 Web-Sites Werbefläche auf ihren Seiten an – Tendenz stark steigend.[119] Ähnlich der Unterscheidung klassischer Werbeträger lassen sich auch die Web-Sites in Kategorien unterteilen.

5.1.3.1 Klassische Medien

Mit Ausnahme der Außenwerbung sind sämtliche Gattungen der Print- und Elektronischen Medien mit eigenen Angeboten im World Wide Web vertreten. Derzeit unterhalten über 200 Zeitungen/Zeitschriften, 100 Fernsehsender, 11 der 15 größten Filmgesellschaften und eine Vielzahl von Radiostationen eigene Homepages im Netz.

Die elektronischen Medien nutzen ihre Internet-Präsenz nur als Mittel der Marketing-Kommunikation. Sie versuchen durch Informationen rund um ihr Programm die Kundenbindung zu stärken und sich im harten Verdrängungswettbewerb gegenüber ihren eigentlichen Kunden (Hörer/Seher) sowie der werbetreibenden Industrie zu profilieren.[120] Eine Nutzung des Internet als Distributionskanal für Radio bzw. TV- Programme ist noch nicht möglich. Der WDR hat zwar schon mit Radio on Demand und Video on Demand über das Internet experimentiert, allerdings wird dies bis zur Verfügbarkeit schneller Anschlüsse für den Endverbraucher (Fiber to the home) Zukunftsmusik bleiben.[121] Eine Nutzung der elektronischen Medien als Werbeträger in der herkömmlichen Form (Plazierung von Spots im Programm) ist deshalb natürlich im Web nicht möglich. Einer Belegung der Homepages mit Werbebannern steht hingegen nichts entgegen. Es machen allerdings noch nicht viele Vertreter elektronischer Medien von dieser Möglichkeit der Finanzierung ihrer Online-Präsenz gebrauch.

Die Print-Medien haben früh erkannt, daß sich mit dem WWW eine neue Plattform zur Verbreitung ihrer Inhalte entwickelt. Zeitungen und Zeitschriften waren neben den Unter-

---

[119] S. *WebTrack Information Sevices*: First Web Advertising Placement Study, [URL: http://www.webtrack.com/ press-rel.html], 1995.

[120] Vgl. *Otto, Helge-Jörg*: Radio und Fernsehen nach Bedarf, in: Funkschau (1996), Nr. 1, S. 59-61.

[121] Vgl. *Bachert, Oliver/Bokowsky, Markus/Haimerl, Helmut G./Schwarzbauer, Sascha*: Branchenanalyse: Deutsche Anbieter im Internet, unveröffentlicher Projektbericht, München, 1995, [masch.], S. 20-28.

nehmen der Computerindustie die ersten kommerziellen Nutzer des Internet. Die im WWW vertretenen Print-Medien lassen sich in vier Kategorien einteilen:

(1) Bereitstellung ausgewählter Artikel

Nur ein Teil der Artikel der aktuellen Ausgabe ist Online verfügbar. Recherche in älteren Ausgaben ist meist nicht möglich. Fast alle heute im Web vertretenen Publikationen haben so begonnen, viele haben sich zu einer der folgenden Ausprägungsformen weiterentwickelt. Beispiele sind: *Geo, Advertising Age, Hamburger Morgenpost, Die Welt, People Magazine.*

Darst. 18: Die Welt online und People Magazine

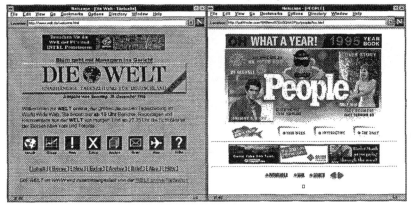

(2) Eins zu Eins Umsetzung der aktuellen Ausgabe

Eine vor allem bei Tageszeitungen häufig anzutreffende Form. Die Artikel sind entweder gemäß dem Originallayout der Print-Ausgabe angeordnet oder in augenfreundlicherer Form für das Lesen am Monitor neu aufbereitet. Beispiele im deutschsprachigen Raum sind: *Der Standard, Die Tageszeitung*

(3) Erweiterung des Print-Titels

Artikel, die nicht in der Print-Ausgabe enthalten sind werden exklusiv auf der Homepage publiziert. Dies können Beiträge sein, die nicht mehr ins Heft gepaßt haben, oder speziell für die Online-Ausgabe geschrieben wurden. Die Bandbreite dieser Kategorie reicht bis zu einer völligen Loslösung der Online-Version vom gedruckten Haupttitel. Vorreiter auf diesem Gebiet, und die erste profitabel arbeitende werbefinanzierte Zeitschrift im Web, ist

HotWired, die Online „Schwester" des Magazins *Wired*. In Deutschland geht die Online-Ausgabe des *Spiegel* in diese Richtung.

Darst. 19: HotWired und Spiegel Online

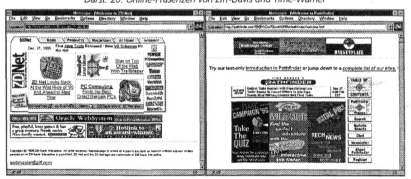

Darüber hinaus warten einige Zeitschriften mit einer Reihe von interaktiven Features auf. Diese reichen von der Volltextrecherche im Verlagsarchiv bis zu Online-Konferenzen und Multi-User Chats. Vor allem Verlage mit mehreren Titeln online versuchen durch zusätzliche Services eine gemeinsame Klammer um ihre Angebote zu schaffen. Beispiele hierfür sind die Angebote von *Time-Warner* und *Ziff-Davis*.

Darst. 20: Online-Präsenzen von Ziff-Davis und Time-Warner

(4) E-Zines

Magazine, die nur im Web existieren und keine Entsprechung mehr in der „realen Welt" haben. Sie können sich auf keine bestehende Redaktion stützen, und finanzieren sich ausschließlich aus Werbung. Wievielen dies tatsächlich gelingen wird, ist schwer vorherzusagen, doch vor allem im Special-Interest Bereich ist die Zahl der Magazinneugründungen beträchtlich.[122] Beispiele für E-Zines sind: *I-Way News, GeekGirl, Urban Desires, Salon.*

Nicht alle der im Web vertretenen Print-Medien bieten auf ihren Seiten tatsächlich auch Werbung an. In Deutschland ist dies bisher nur *Der Spiegel,* der *Stern, TV-Today* und *I Way News,* weshalb die oben abgebildeten Beispiele auch überwiegend aus den USA stammen. In Zukunft werden allerdings viele versuchen ihre Online-Ausgabe durch Werbeeinnahmen zu finanzieren. Der Ansatz der kommerziellen Online-Dienste bekannte Print-Titel an ihr System zu binden, und dann durch die Gebühren der Nutzer zu finanzieren, kann als gescheitert betrachtet werden.[123] Von den im Internet vertretenen Zeitungen/Zeitschriften ist der Großteil frei zugänglich, nur ein kleiner Prozentsatz versucht sich aus Abo-Gebühren zu finanzieren. Die oben zitierte Untersuchung von *Forrester Resarch* sieht im Jahr 2000 den 2,2 Milliarden US$ Werbeausgaben in Online-Medien nur 156 Millionen US$ Einnahmen aus Abo-Gebühren elektronischer-Zeitungen entgegenstehen.[124] Bei einer entsprechenden Ausweitung der Nutzerzahlen könnte eine Entwicklung wie im Privatfernsehen möglich sein. Die Programme sind für den Nutzer kostenlos, die Inhalte werden vollständig über die Werbung finanziert.

5.1.3.2 Search Engines

Durch die Aufhebung der Trennung von Sender und Empfänger kann im Web grundsätzlich jeder zum Verleger werden. Teure Einrichtungen für Produktion und Druck der Inhalte sind nicht mehr erforderlich. Durch diese als Demokratisierung der Information bezeichnete Entwicklung haben die klassischen Medien ihr Monopol als Werbeträger verloren. Man kann dies als konsequente Fortsetzung des Kampfs um Einschaltquoten im Privatfernsehen ansehen, die Produzenten der Inhalte treten in den Hintergrund, entscheidend ist nur noch die Reichweite.

---

[122] Am 19. Dezember 1995 enthielt *John Labovitz´s* E-Zine-List 764 Einträge S. *Labovitz, John:* List of E-Zines, [URL: http://www.meer.net/~johnl/e-zine-list/zines/Alpha.html].

[123] Vgl. *MacDonald, Peter:* The Next 750 Words are Commercial-Free, in: Canadian Business 68 (1995), No. 6, p. 155.

[124] Vgl. *Maddox, Kate/Wagner, Mitch/Wilder, Clinton:* Making Money on the Web, in: Information Week (1995), No. 543, p. 31, [URL: http://techweb.cmp.com:80/techweb/programs/cmp_waisgate?RF= 823405680.17258&num=5#head].

Die Online-Präsenzen mit den höchsten Werbepreisen gehören derzeit nicht Medienunternehmen, sondern Firmen, die Services anbieten, die von nahezu allen Netznutzern benötigt werden und deshalb die meisten Kontakte verbuchen können. Ein Großteil solcher Sites sind sogenannte Search Engines.

Darst. 21: Die zehn größten Web Publisher nach Werbeeinnahmen im 4. Quartal 1995

Rank	Publisher	1995 Q4 $
1	Netscape	$ 1,766,000
2	Lycos	1,296,000
3	InfoSeek	1,215,000
4	Yahoo	1,086,000
5	Pathfinder	810,000
6	HotWired	720,000
7	WebCrawler	660,000
8	ESPNET SportZone	600,000
9	GNN	594,000
10	c|net	540,000

Quelle: *WebTrack Information Sevices*: First Web Advertising Placement Study, [URL: http://www.webtrack.com/pressrel.html], 1995

Da niemand das Internet besitzt und jeder ohne vorherige Absprache mit irgendeiner zentralen Stelle neue Web-Server dem Netz hinzufügen kann, existiert kein offizielles Inhaltsverzeichnis wie bei kommerziellen Online-Diensten. Um aber nicht im Informations-

Darst. 22: InfoSeek und Yahoo!

angebot zu ersticken (Informationsüberlastung!) werden Navigationshilfen benötigt. Search Engines sammeln Informationen über die angebotenen Web-Seiten und stellen diese dann dem Nutzer als Navigationshilfe zur Verfügung. Search Engines existieren in verschiedenen Ausprägungsformen. Manche lassen sich mit den Gelben Seiten vergleichen, sie bilden die Web-Sites hierarchisch geordnet ab, andere liefern nach Eingabe eines Stichworts alle Seiten mit korrespondierendem Inhalt. Durch die Fülle der Information haben sich Search Engines zu einem unverzichtbaren Hilfsmittel entwickelt. Die bekanntesten sind: *InfoSeek, Yahoo!, Lycos, GNN, DejaNews.*[125]

5.1.3.3 Content

Unter Content soll der große mannigfaltigen Rest der Angebote zusammengefaßt werden, die mit Werbung belegt werden können. Die Vielfalt ist nahezu grenzenlos und in kein Schema mehr zu pressen. Wem es gelingt durch sein Angebot genügend Besucher auf seine Homepage zu locken, kann mit dem Interesse der im Internet werbenden Industrie rechnen. Die Möglichkeiten sind hier noch lange nicht ausgereizt. In Zukunft werden eine Reihe völlig neuartiger Services angeboten werden, die sich nur aus Werbung finanzieren. Ein gutes Beispiel ist der im Abschnitt Reichweite näher beschriebene Service der Firma *Internet Audit Bureau.*

Doch auch die ursprünglich aus nichtkommerziellen Gründen errichteten Web-Seiten öffnen sich zusehends der Werbung. Nahezu jedem Thema oder Hobby ist eine Homepage gewidmet. Diese durch den Enthusiasmus ihrer Betreiber am leben gehaltenen Angebote zeichnen sich dadurch aus, das ihre Nutzer, so unterschiedlich sie nach sozio-demografischen Kriterien auch sein mögen, sich alle für ein bestimmtes Thema interessieren. Durch die Belegung der passenden Web-Seiten ergibt sich so die Chance einer punktgenauen Ansprache auch kleinster Zielgruppen.

Der Übergang zum Content-Sponsoring ist hier fließend, eine Unterscheidung nicht immer möglich. Der Versuch einer Abgrenzung findet sich im Abschnitt Sponsoring weiter unten in diesem Kapitel.

[125] Für eine Aufstellung verfügbarer Search Engines s. *Net Search:* [URL: http://home.netscape.com/home/internet-search.html].

5.1.4 Reichweite

Geprüfte Reichweiten und Angaben über die Zusammensetzung der Nutzer sind in der Mediaplanung mit klassischen Medien unverzichtbare Voraussetzung. Im World Wide Web ist beides noch nicht gegeben. Obwohl beträchtliche Anstrengungen in diese Richtung unternommen werden, ist man von Programmen zur Errechnung optimaler Streupläne, wie in der Mediaplanung teilweise üblich, noch weit entfernt. Was die Reichweiten betrifft, divergieren diese von Web-Site zu Web-Site von einigen hundert Abrufen am Tag bis zu über einer halben Million. Da die USA das Land mit den meisten Internet Nutzern ist, liegen hier auch die Sites mit den größten Reichweiten. Für die im Internet publizierenden Verlage ergibt sich eine Ausweitung des Erscheinungsgebietes ihrer Printtitel auf die ganze (vernetze) Welt. Während die Reichweite gedruckter Zeitungen und Zeitschriften auf eine Region oder ein Land beschränkt ist, sind im Internet publizierte Inhalte immer weltweit abrufbar. Den größten Vorteil werden daraus wahrscheinlich englischsprachige Special-Interest-Titel ziehen können. Ihre Inhalte sind am wenigsten durch den jeweiligen Kulturkeis und nationale Unterschiede beeinflußt. Zeitungen und General-Interest-Magazine werden dagegen außerhalb ihres Landes nur relativ wenige regelmäßige Leser finden.

5.1.4.1 Problematik der Messung

Eine repräsentative Befragung der Nutzer von werbefinanzierten WWW-Sites ähnlich der Media Analyse ist noch nicht unternommen worden. Eigentlich ist dies auch nicht erforderlich, da jeder Zugriff auf eine Web-Seite mitprotokolliert wird. Hier beginnt nun das Problem. Eine Online-Präsenz im Internet (Web-Site) besteht im Regelfall aus einer Homepage und mehreren Seiten Inhalt. Interessant zu erfahren wäre nun, von wievielen verschiedenen Nutzern eine bestimmte Seite innerhalb eines Zeitintervalls (Tag/Woche/-Monat) angewählt worden ist. Mit der derzeitigen Technik ist dies jedoch noch nicht problemlos möglich. Die meisten von den Betreibern der Web-Server veröffentlichten Zahlen beziehen sich auf die Gesamtzahl der Zugriffe (engl. hits). Die Gesamtzahl der hits sagt aber nur wenig über die Zahl der Benutzer aus. Die Multimediafähigkeit des Web erlaubt es auf eine Seite Grafiken oder sonstige Objekte einzubinden. Wird nun diese Seite angewählt, registriert der Web-Server einen hit für jedes Objekt auf der Seite. Befinden sich also beispielsweise auf einer Seite drei Grafiken, ein Audio-Objekt sowie der Text, werden fünf hits registriert, obwohl nur ein Nutzer die Seite abgerufen hat. Die Nutzer bewegen sich außerdem ohne vorgegebene Reihenfolge durch die verschiedenen Seiten. Die Hypertextfähigkeit des Web erlaubt eine nicht-sequentielle Navigation der Nutzer durch das Web und innerhalb der Seiten eines Servers. Es kann also vorkommen, daß innerhalb eines Besuches eine Seite, z.B. die Homepage mehrfach angewählt wird. Die Gesamtzahl der hits sagt also nichts über die Anzahl der Nutzer aus.[126]

5.1.4.2 Lösungsansätze

In den klassischen Medien haben die Aufgabe der Reichweitenmessung unabhängige Marktforschungsinstitute und Interessenszusammenschlüsse übernommen. Informationen über die Anzahl der Zugriffe auf eine Web-Site konnten bis vor kurzem nur die Betreiber der Site durch Auswertung der Logfiles des Web-Servers liefern. Die Verlage und vor allem die werbetreibende Industrie verlangt aber nach einer Überwachung der Reichweiten von Web-Sites durch unabhängige Dritte. Die *CASIE*, ein von der *Advertising Research Foundation (ARF)* unterstützter Projektzusammenschluß der *Association of National Advertisers (A.N.A.)* und der *American Association of Advertising Agencies (AAAA)*, hat diese Forderung in ihren Regeln zur Anwenderforschung in interaktiven Medien festgeschrieben. „Audience measurements should be taken by objective third party research suppliers and not by the medium being measured. Measurement by the medium itself via the 'clickstream'...when offered, should be audited by an objective third party. In all cases, established industry auditing practices should be employed."[127]

Eine Reihe von Unternehmen arbeitete seitdem an Möglichkeiten, Zugriffe auf einen Server von außerhalb zu überwachen und zu registrieren. Außerdem sollte die Navigation der Nutzer innerhalb der Site (Clickstream) ausgewertet werden können. Einige Lösungen befinden sich bereits im Markt.[128] Pionier auf diesem Gebiet waren kleine innovative Firmen, die Etablierten der Branche wie *Nielsen* und *ABC* sind durch Kooperation oder Übernahme inzwischen auch vertreten. Welches System sich als Standard durchsetzen wird, kann nicht vorausgesagt werden. Gute Chancen im professionellen Bereich hat das System *WebTrack* von *ABC* und *Market Arts,* das sich momentan mit 14 großen amerikanischen Medienunternehmen im Beta-Test befindet.[129]

---

[126] Vgl. *Anonymous*: Hits vs. Hype: The Lowdown on Site Traffic Stats, in: InterAd (1995), No. 7, [URL http://www.webtrack.com/interad/9507/hitshype.html].
[127] *Coalition for Advertising Supported Information and Entertainment (CASIE)*: Casie Guiding Principles of Interactive Media Audience Measurement, [URL: http://www.commercepark.com/AAAA/bc/casie/guide.html], 1995.
[128] Vgl. *Lee, Lydia*: Tracking Web Traffic, in: Newmedia (1995), No. 6, p. 24.
[129] Vgl. *ABC*: ABC Expands Beta Tests With Publishers for Auditing Web Sites, [URL: http://www.accessabc.com/news1030.html], 1995.

Darst. 23: Mediadaten ausgewählter Web-Sites

Anbieter	Kategorie	Reichweite	Preis/Mo.	Webekunden
Australia Tourist Radio [URL: http://www.world.net/touristradio]	Content	3.300 Visitors/day	$ 500	Greyhound Coaches
Cybersphere [URL:http://www.quelm.fr/CybersphereU.html]	Magazine	200 Hits/day	$ 700	Addison-Wesley France, American Center of Paris
Cybertown [URL: http://www.cybertown.com/cybertown]	Content	17.500 Hits/day	$ 100	Hollywood in Cyberspace
Democrat and Chronicle Digital Edition [URL: http://www.RochesterDandC.com]	Content	8.500 Hits/day	$ 200	Parkleigh Pharmacy, Leather Furniture Company
Desert Net/Tucson Weekly [URL: http://desert.net/]	Content	10.000 Hits/day	$ 50	Gadabout Salon, 96 Rock
Disabilities Access [URL: http://www.pavilion.co.uk/daccess]	Content	1.000 Hits/day	$ 486	Voice Recognition Systems, Thames Reach, Stannah Starlifts, English Churches Housing, u.a.
Elektronic Telegraph [URL: http://www.telegraph.co.uk]	Magazine	500.000 Hits/day	£ 185.714	Barclays Bank, TSB, Sun Microsystems, United Airlines
Global Network Navigator [URL: http://gnn.com/]	Search Engine	2.1 Mill. hits/day	$ 13,000 - 32,500	VocalTec Inc., Dealernet, Zima, Skillsearch, National Education Media Network
Hotwired [URL:http://www.hotwired.com/]	Magazine	250.000 hits/day	$ 16,027	AT&T, Amnesty Intern., Cathay Pacific, ClubMed, IBM, Internet, Shopping Network, JBL, MCI, Metricom, 1-800-COLLECT, u.a.
Internet Access Provider FAQ [URL: http://www.amazing.com/internet/]	Content	500 Hits/day	$ 100	via.net Internet Connectivity
Internet Mall [URL: http://www.mecklerweb.com/imall]	Content	18.300 Hits/day	$ 5,000	Internet Shopping Network, PC Flowers, The Company Store
Internet Sleuth [URL: http://www.intbc.com/sleuth/]	Search Engine	1.000 Hits/day	$ 300	Internet Marketing Blackbook (Legion Publishing)
Map Magazine site [URL: http://www.sdw.com/m/MAP]	Magazine	5.000 Hits/day	$ 3,000	Johnnie Walker Black Label, Perscriptives, Yohji Yamamoto
Marshall Industries [URL: http:// www.marshall.com]	Content	50.000 Hits/day	$ 6,000 - 10,000	Sharp, Texas Instruments, Fujitsu, Siemens, Xilinx, Atmel, Lattice, Toshiba
Meckler Web [URL: http://mecklerweb.com]	Content	5 Mill. sessions	$ 600 - 2,500	Capital One, CommerceNet, IBM, Interaktive Imaginations, internet Shopping Network, Mecklermedia, Netcom, PC Gifts & Flowers,
InfoSeek [URL: http://www2.infosek.com]	Search Engine	2,2 Mill. Hits/day	$ 15,000	Internet Shopping Network, Andataco, Alamo, DealerNet, Tektronix, MGM, NECX, Direkt, u.a.
Merc Center Web [URL: http://www.sjmercury.com/]	Magazine	10.000 Visitors/day	$ 3,000	IBM, Ameritech, Netcom, 4 others
Mercury Center Web [URL: http://www.simercury.com/]	Magazine	7.2 mill. sessions	$ 3,000	Coldwell Banker, House of Charm, Ameritech, Del Monte, IBM, Lifelink, Netcom, Pearl Cruises
NCSA What's New [URL: http://www.ncsa.uiuc.edu/SDG/ Software/Mosaic/Docs/whats-new.html]	Content	66.000 Visitors/day	$ 30,000	Joe Boxer, Zima, DealerNet
NCT Web Magazine [URL: http://www.awa.com/nct/]	Magazine	165.000 hits/day	$ 25 - 300	Value-Ware Software, Delta Publishing, Lasermaster Corporation, Cadkey 7, u. a.
Netscape [URL: http://www.netscape.com/]	Content	5 mill. hits/day	$ 15,000 - 30,000	Adobe, AT&T, EDS, Inividual, InternetMCI, Mastercard, Netcom, Portal, PSINet, Silicon Graphics, Sun Microsystems, Word, Ziff Davis
New Faces Talent [URL: http://www.eagle.ca/newfaces]	Content	550 Visitors/day	$ 75 - 100	Oshkosh B'Gosh, Blue Cat Design
NewsLink URL: http://www.newslink.org]	Content	20.000 Visitors/day	$ 200 - 500	Internet Direct, Mix Comms, others
Open Text Web Index [URL: http://www.opentext.com:8080]	Search Engine	15.000 Hts/day	$ 3,000	Open Text Corporation, Uunet Canada
ParentsPace.com [URL: http://www.parentsplace.com/]	Content	6.500 Hits/day	$ 100 - 500	Earthsbest Baby Foods, Natural Baby Catalog, Cody's Books Online
Pathfinder [URL: http://www.pathfinder.com/]	Magazine	500.000 Hits/day	$ 30,000	Ameritech, AT&T, Bell Atlantic, Kodak
Resort Sports Network [URL: http://www.resortsportsnet.com/biz/rsn/]	Content	11.000 Hits/day	$ 2,500	AT&T, Chevy, Molson
Russian Trade Connections [URL: http://www.zpub.com/rtc]	Content	150 Hits/day	$ 750	Nakhodka Free Economic Zone, North American Resources, Baltics On-Line, Image Alpha Ltd.
TechWeb [URL: http://techweb.cmp.com/techweb]	Magazine	445.000 Visiters/day	$ 10,000 - 15,000	3Com, Northern Telecom, MCI, Digital Equipment, u. a.
The Hamptons.com [URL: http://thehamptons.com]	Content	120.000 Hits/day	$ 2,000 - 8,000	Calvin Klein, True Blue Pictures, South Hampton Hospital, The Hampton Classic, u. a.
Total New York [URL: http://www.totalny.com]	Content	45.000 Hits/day	$ 1,000	Sun Microsystems, Prodigy, Zima, Nobu Restaurant, Myoptics, Metropolis, u.a.
Word [URL: www.word.com]	Magazine	125.000 Hits/day	$ 12,277	Sun Microsystems, Zima, Mastercard, SAAB, IBM, Netscape
Yahoo! [URL: http://www.yahoo.com]	Search Engine	3 Mill. Hits/day	$ 20,000	MCI, NECX, Master Card, Internet Shopping Network, Worlds Inc.

Quelle: *Resnick, Rosalind:* Interactive Publishing Alert Advertising Index (IPA), [URL: http://www.netcreations.com/ipa/], 1995, leicht verändert.

Zur Reichweitenmessung der vielen von kleineren Firmen oder Privatpersonen betriebenen Web-Sites sind Konzepte wie das von *Internet Audit Bureau* interessant. Da *IAB* auch ein hervorragendes Beispiel für werbefinanzierte Services darstellt, soll deren Angebot kurz erläutert werden. Jeder Betreiber einer Online-Präsenz im World-Wide Web, kann seine Site kostenlos von *IAB* überwachen lassen. Dazu fügt er einige Zeilen HTML Code in seine Dokumente ein, worauf auf den überwachten Seiten klein ein Logo erscheint, daß dem Besucher die Messung durch *IAB* anzeigt. Wird die überwachte Seite nun von einem Nutzer angewählt, wird kurz eine Verbindung zum *IAB*-Server aufgebaut und der Zugriff registriert. Möchte der Betreiber der Online-Präsenz nun die Anzahl der Abrufe erfahren, muß er die Web-Site von *IAB* anwählen und seinen Benutzercode eingeben, die Zahl wird dann automatisch angezeigt.[130] Da der Service kostenlos ist, konnte *IAB* binnen kürzester Zeit eine beträchtliche Anzahl von Nutzern verbuchen. Wenn man davon ausgeht, daß jeder Betreiber regelmäßig die Reichweiten seiner Site abruft, so ist es *IAB* gelungen eine konstante Anzahl regelmäßiger Besucher zu erzeugen, die für bestimmte Unternehmen eine hochinteressante Zielgruppe darstellen. Verglichen mit den Mega-Sites wie *Netscape* oder *Yahoo!* sind die Abrufzahlen von *IAB* sicherlich relativ gering, aber die Tatsache, daß alle Nutzer Betreiber einer Web-Site sind und ihr regelmäßiges Wiederkommen nahezu gesichert ist, erlauben es *IAB* für die Werbeplazierung auf seiner Homepage Premium-Preise zu verlangen.

Um ihren Werbekunden Angaben über sozio-demografische Kriterien der regelmäßigen Nutzer machen zu können, haben einige Sites eine Registrierungspflicht eingeführt. Die Inhalte sind weiterhin kostenlos, Zutritt erhält jedoch nur, wer vorher ein Online-Formular mit Angaben über Alter, Wohnort, Beruf etc. ausgefüllt hat.[131] *I/PRO*, einer der Anbieter von unabhängiger Reichweitenmessung, bietet eine zentrale Registrierung für alle von *I/PRO* überwachten Sites an.[132]

5.1.5 Kontaktqualität

Um Aussagen über die Qualität von Online-Präsenzen als Werbeträger machen zu können, ist die Anzahl der Kontakte, die Zusammensetzung der Nutzerschaft, die Kosten pro Tausend Kontakte sowie die Reaktion der Rezipienten auf die Werbebotschaft von Interes-

---

[130] Vgl. *IAB*: Why Use Internet Audit Bureau?, [URL: http://www.internet-audio.com/intro2.html], 1995.

[131] Vgl. *Hoffmann, Donna L./Novak, Thomas P./Chatterjee, Patrali*: Commercial Scenarios for the Web: Opportunities and Challenges, in: Journal of Computer Mediated Communication, Special Issue on Electronic Commerce 1 (1995), No. 3, [URL: http://www2000.ogsm.vanderbilt.edu/patrali/jcmc.commercial.scenarios.html].

[132] Vgl. *I/Pro*: About I/Code: A Universal Registration System, [URL: http://www.ipro.com/icode.html], 1995.

se. Die Probleme bei der Reichweitenmessung und der Identifizierung der Nutzerschaft sind bereits thematisiert worden. Die Kostenseite sowie die Reaktionen der Nutzerschaft sollen im folgenden dargelegt werden.

5.1.5.1 Schaltkosten

Bezüglich der Preise hat sich noch kein einheitliches Modell durchgesetzt. Die Belegungsintervalle variieren von wöchentlicher Abrechnung bis zur 3-Monats Belegung. Die Preisfindung beruht nicht immer auf nachvollziehbaren Modellen, manche erfolgreichen Sites versteigern ihre Werbefläche an den Meistbietenden.[133] Da die Online-Präsenzen aus mehreren Seiten bestehen, und nicht jede Seite gleich oft abgerufen wird, bieten die meisten Anbieter unterschiedliche Preiskategorien oder eine Rotation der Banner durch die Site an. Bei elektronischen Ausgaben von Print-Medien, wird bei einer Belegung beider Versionen meist ein Rabatt gewährt. *Netscape* bietet eine garantierte Reichweite an. Diese bezieht sich auf die Anzahl der Besuche, eine Zahl von Nutzern, die auf den Werbebanner klicken, wird nicht garantiert. Darst. 23 zeigt eine Zusammenstellung von Sites die Werbefläche anbieten. Um zumindest eine einigermaßene Vergleichbarkeit zu erreichen, sind alle Preise auf Monate umgerechnet, bei Sites mit verschiedenen Preiskategorien ist jeweils der niedrigste und höchste Wert angegeben. Bei der Reichweite ist die Formulierung der Anbieter übernommen worden, die Bewertung dieser Angaben ist bereits hinreichend problematisiert worden.

5.1.5.2 Inter-Media Vergleich

Um die Medialeistung der Online-Werbeträger im Gesamtsystem der Medien einordnen zu können ist ein Vergleich auf Basis von Tausender-Kontakt-Preisen (TKPs) denkbar. Im Bereich der klassischen Medien wird seit Jahren versucht, ein Maß zum Vergleich der Medialeistung der unterschiedlichen Gattungen zu finden. Ein Modell, daß den Inter-Media Vergleich auf Grundlage quantitativer und qualitativer Daten ermöglicht ist bisher nicht gefunden. Die Werbeträger sind in ihren Charakteristika einfach so verschieden, daß ein rein rechnerischer Vergleich keine befriedigenden Ergebnisse liefern kann. Trotz dieser Erkenntnis wird versucht die Leistungen des neuen Werbeträgers Online-Präsenz mit be-

---

[133] Vgl. *Maddox, Kate/Wagner, Mitch/Wilder, Clinton*: Making Money on the Web, in: Information Week (1995), No. 543, p. 31, [URL: http://techweb.cmp.com:80/techweb/programs/cmp_waisgate?RF=823405680.17258&num= 5#head].

kanntem zu vergleichen. Als Diskussionsgrundlage hat sich der Vergleich mit Print-Medien auf Grundlage des Tausender-Kontakt-Preises (TKP) durchgesetzt.

Gotfredson hat von Print-Medien, die zusätzlich in elektronischer Form erscheinen, die TKPs berechnet und verglichen. Er kam zu dem Ergebnis, daß die Online-Ausgaben zwischen 40% und 213% teurer seien als die gedruckten Versionen. Als Grundlage diente eine 1/1 4c Anzeige in der gedruckten Version, und ein typischer Werbebanner in der Online-Ausgabe.[134] Hier beginnen die Probleme: Ist ein 450 x 80 Pixel großer Banner auf einer WWW-Seite in seiner Wirkungsweise wirklich mit einer vierfarbigen Ganzseitenanzeige zu vergleichen? Als Basis für die Anzahl der Kontakte nahm er für die gedruckte Version den Prozentsatz der Leserschaft, die in der *Intelliquest Study* (in etwa vergleichbar der Media Analyse), angegeben haben, alle oder fast alle Seiten einer Ausgabe zu betrachten. In der Online-Version definierte er als Kontakt, jeden, der auf den Werbebanner klickte und auf die Homepage des Werbetreibenden gelangte.[135] Spätestens hier zeigt sich die Unmöglichkeit eines aussagekräftigen Vergleichs. Ist jemand, der in einem Magazin eine Anzeige beim Durchblättern wahrnimmt genauso viel wert, wie jemand, der aufgrund eines Werbebanners die Homepage des Unternehmens anwählt? Man kann davon ausgehen, daß im zweiten Fall das Aktivitätsniveau wesentlich höher ist, außerdem bietet eine Homepage die Möglichkeit den Interessenten über die Werbebotschaft hinaus mit Informationen zu versorgen.[136] Ohne der Diskussion eine weitere Variable hinzufügen zu wollen, denke ich die Zahl der Nutzer, die den Werbebanner anklicken, wäre besser vergleichbar, mit der Anzahl der Leser, die aufgrund einer Anzeige eine 0130 Nummer anrufen.

Werbung in CMEs, insbesondere im World Wide Web, befindet sich noch in einem sehr frühen Stadium seiner Entwicklung, Methoden zur Evaluierung der Werbeträgerkontakte müssen erst noch gefunden werden.

5.1.5.3 Erfolgskontrolle

Definiert man den Werbeerfolg, als die Anzahl der Nutzer, die den Werbebanner angeklickt haben, so ist eine automatische Werbeerfolgskontrolle gegeben. Die Betreiber der Online-Präsenzen können mitprotokollieren, wieviele Besucher die Site durch einen Hyper-

---

[134] S. *Gotfredson, Ed*: Is Web Advertising Efficient?, [URL: http://www.dnai.com/~adsrus/edsWP.html], 1995.
[135] S. *Gotfredson, Ed*: Is Web Advertising Efficient?, [URL: http://www.dnai.com/~adsrus/edsWP.html], 1995.
[136] *Edmonston, Jack*: When is a Web Ad Simply Too Costly?, in: Advertising Age's Business Marketing 80 (1995), No. 8, p. 18.

link zu einem Werbekunden verlassen haben. „For the first time in the history of advertising, we can count the people who view our ads."[137] Statistiken, wieviel Prozent der Nutzer durchschnittlich eine Werbeplazierung anklicken existieren nur von einigen Betreibern, eine Verallgemeinerung ist aber ohnehin nicht möglich. Aufgabe der Intra-Media Auswahl muß es sein, eine möglichst hohe Übereinstimmung der eigenen Zielgruppe mit den Nutzern der zu belegenden Site zu erreichen.[138]

5.1.5.4 Akzeptanz

Ein wichtiger Aspekt bei der Frage inwieweit Werbung in CMEs sinnvoll ist, ist die Einstellung der Nutzer der Systeme gegenüber Werbung. Da, wie bereits dargelegt, das Internet aus dem nichtkommerziellen Bereich entstanden ist, existiert unter den Nutzern eine gewisse Skepsis, die momentane Entwicklung betreffend. Eine Forderung der frühen Internet Community, bestehend hauptsächlich aus Wissenschaftlern, Studenten und Idealisten aller Art, lautete aber auch „Information wants to be free". Nur diese Einstellung hat das Wachstum und die Vielfalt des Netzes möglich gemacht. Wenn nun Verlage oder sonstige Anbieter damit beginnen, für die auf ihren Homepages bereitgestellte Information Gebühren zu verlangen, verstößt dies gegen den „Geist des Internet", wie ihn einige immer noch beschwören. Der Anteil derer, die eine kommerzielle Nutzung des Netzes völlig ablehnen, ist zwar nur noch gering, etwas von dem Geist der Pionierzeit muß allerdings bis heute erhalten geblieben sein. Nicht viele sind bereit für Informationen Geld zu bezahlen.[139] Wenn durch die Werbung erreicht werden kann, daß Inhalte weiterhin kostenlos zugänglich sind, werden die Nutzer Werbung als Teil des Finanzierungsmodells des Internet akzeptieren.

Eine völlige Planungssicherheit im Internet kann es nicht geben. Die Reaktionen der „Community" auf ihrer Meinung nach allgemeinschädigendes Verhalten können durchaus verhängnisvoll sein. Genauer wird hierauf im Abschnitt: Verständnis Virtueller Gemeinschaften eingegangen. An dieser Stelle nur ein Beispiel dafür, daß die Beziehung zwischen Sender und Empfänger der Werbebotschaft im Netz anderen Gesetzmäßigkeiten unterliegt. Ein Mathematikstudent aus Kalifornien hat ein Programm entwickelt, das

---

[137] *Edmonston, Jack:* When is a Web Ad Simply Too Costly?, in: Advertising Age's Business Marketing 80 (1995), No. 8, p. 18.
[138] Zur Problematik der Auswahl der richtigen Site s. *Gardner, Elizabeth:* Few Web Sites Seen Growing Fat on Ads, in: Web Week 1 (1995), No. 8, [URL: http://pubs.iworld.com/ww-online/Dec95/news/adweb.html].
[139] Nach einer Studie von Jupiter Communications lehnen über 65% der Internet Nutzer gebührenpflichtige Web-Sites ab. S. *Jupiter Communications:* Jupiter & Yahoo! Release Survey Snapshot, [URL: http://www.jup.com/edroom/reports/rep95/webuser/yahoo2.html], 1995.

Werbebotschaften aus Web-Sites ausblendet. Sein *NoShit* getauftes Programm ist für jeden frei verfügbar, seine Verwendung kostenlos.[140] Es ist zwar nicht zu erwarten, daß eine signifikante Anzahl von Leuten das Programm verwenden werden, *NoShit* macht aber deutlich, das Werbung in CMEs nicht mit der Situation in anderen Medien vergleichbar ist.

5.2 Öffentlichkeitsarbeit

Definiert man Öffentlichkeitsarbeit (analog Public Relations) von seinen Zielen her, so geht es darum Verständnis und Wohlwollen für die Belange der Organisation oder Institution innerhalb der Öffentlichkeit und der eigenen Mitarbeiter zu schaffen sowie die jeweiligen Produkte und Dienstleistungen positiv darzustellen.[141] Um diese Ziele zu erreichen bedient man sich unterschiedlicher Medien und Techniken, inwieweit Online-Medien hier sinnvoll integriert werden können, soll im folgenden dargestellt werden.

5.2.1 Externe Public Relations

Die Maßnahmen externer PR-Arbeit richten sich an eine Vielzahl von Zielgruppen. Jede dieser Gruppen besitzt ein individuelles Informationsbedürfnis, dem durch angepaßte Informationsangebote begegnet werden sollte. Durch den Einsatz von Online-Medien ist es möglich die verschiedenen Anspruchsgruppen in ihrer Gesamtheit zielgenauer, aktueller und umfassender zu informieren als dies bisher möglich ist. Obwohl erfolgreiche PR-Arbeit ein proaktiver Prozeß sein sollte, kommt bedingt durch die veränderten Kommunikationsbedingungen in CMEs dem Bereitstellen von Informationen größere Bedeutung zu als bisher.

5.2.1.1 Passiv: Bereitstellen von Informationen

Unternehmen halten für gewöhnlich eine Reihe von Produkt- und Unternehmensinformationen bereit, die sie Interessierten auf Anfrage kostenlos zur Verfügung stellen. Hierzu zählen Jahresberichte, Unternehmensdarstellungen, Produktbeschreibungen sowie eine Vielzahl anderer Materials. Das Anfordern dieser Informationen mit den traditionellen Medien Brief, Telefon, Telefax etc. bedeutet jedoch einen gewissen Grad an Anstrengung sowie den Verlust der Anonymität. Diese Dialogangebote der Unternehmen werden des-

---

[140] Vgl. *Murphy, Kathleen*: It May Be Crude, But Its Inventor Says It Works, in: Web Week 1 (1995), No. 7, [URL: http://pubs.iworld.com/ww-online/Nov95/news/noshit.html].

[141] S. *Neske, Fritz*: PR-Management, Gernsbach: Deutscher Betriebswirte-Verlag, 1977, S. 22.

halb nicht in ausreichendem Maße genutzt, so daß der Versuch einer aktiven Ansprache der Anspruchsgruppen im Vordergrund der betrieblichen PR-Arbeit steht.

Durch den Einsatz von Online-Medien kann sich dies ändern. Sämtliche Informationen der Produkt- und Unternehmens-PR können auf der Online-Präsenz zur Verfügung gestellt werden. Alle Anspruchsgruppen lassen sich mit den für sie bestimmten Informationen versorgen. Damit jeder die für ihn wichtigen, und seinen Bedürfnissen entsprechend aufbereiteten, Inhalte bequem findet, lassen sich für die unterschiedlichen Anspruchsgruppen eigene Einstiegspunkte auf der Online-Präsenz schaffen.

Eine Versorgung der Zielgruppen mit Informationen über Online-Medien bietet mehrere Vorteile. Die Informationen können immer aktuell gehalten werden, eine Reaktion auf Ereignisse ist schnell möglich. Die Interessenten können sich aus dem Informationsangebot, die sie interessierenden Teile auswählen, eine gezieltere und somit auch effektivere Information des Einzelnen wird somit erreicht. Nicht unerwähnt sollen auch die Möglichkeiten einer Kostenersparnis bleiben, Ausgaben für Druck und Versand entfallen.

Die Plazierung von Informationen, die für unterschiedliche Anspruchsgruppen gedacht sind, auf einer Online-Präsenz zwingt allerdings auch zu einer widerspruchsfreien Darstellung. Nicht jede Anspruchsgruppe wird nur die für sie bestimmten Bereiche auf der Online-Präsenz anwählen. Informationen für Aktionäre müssen beispielsweise genauso von Mitgliedern von Umweltschutzorganisationen „gefahrlos" konsumiert werden können. Online-Medien erhöhen allerdings auch die Reichweite traditioneller PR Maßnahmen. Auf der Online-Präsenz veröffentlichte Pressemitteilungen beispielsweise, die nie in einer Zeitung erschienen sind, finden zumindest so einige Leser. Auch können Personen, die eigentlich aus ganz anderen Gründen die Online-Präsenz angewählt haben, quasi durch die Hintertür mit positiven Unternehmensinformationen versorgt werden. Dies soll an einem fiktiven Beispiel erläutert werden. Ein Nutzer wählt die Online-Präsenz eines Unternehmens der Computerbranche an, um sich einen neuen Software-Treiber „runterzuladen". Da er nun schon mal da ist, überfliegt er die Hauptpunkte der Unternehmensmitteilungen und klickt auf einen Text, der ein neues umweltschonendes Produktionsverfahren der Firma beschreibt. Hätte er sich den Treiber bei seinem Computerladen „um die Ecke" besorgt, hätte ihn diese Information der Unternehmens-PR wahrscheinlich nicht erreicht. Ein weiteres (reales) Beispiel für Synergieeffekte durch den Einsatz von Online-Medien stellte der WWW-Server der Leichtathletik-Europameisterschaften in Göteborg dar. Das Presseinformationssystem wurde mit dem Web-Server verbunden, so daß sämtliche Informationen

– 86 –

von den aktuellen Ergebnissen der Wettkämpfe bis zu den Biographien der Athleten, nicht nur der Presse, sondern auch allen anderen Interessenten via WWW zur Verfügung standen.

Darst. 24: Ausschnitte aus dem Informationssystem der Leichtathletik-Europameisterschaften

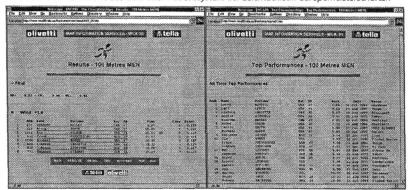

Im folgenden soll anhand einiger ausgewählter Anspruchsgruppen gezeigt werden, wie ein sinnvoller Einsatz von Online-Medien im Rahmen der Öffentlichkeitsarbeit aussehen könnte.

(1) Kunden & Potentielle Kunden

Geht man von einer immer aufgeklärteren und kritischeren Öffentlichkeit aus, so gewinnt Produkt- und Unternehmens-PR zunehmend an Bedeutung. Da detaillierte Informationen über Werbung meist nicht transportierbar sind, aber zunehmend gewünscht werden, fällt diese Aufgabe der Öffentlichkeitsarbeit zu. Um das Problem der Erreichbarkeit der Interessenten zu umgehen, kann man sämtliche Produkt- und Unternehmensrelevanten Informationen auf der Online-Präsenz verfügbar machen, und so einen Informationsabruf „on demand" erreichen. In diesem Sinne führen auch Produktinformationen die Liste der auf Unternehmens Homepages präsentierten Inhalte an.[142]

Bei den Produktinformationen ist nun ein Punkt erreicht, wo eine eindeutige Zuordnung zu einem Kommunikationsinstrument nicht mehr möglich ist. Sind Angaben über die Eigenschaften eines Produktes nun Produkt-PR, Verkaufsförderung oder gar Werbung? Der Bezeichnung als Werbung soll aus den oben dargestellten Gründen nicht gefolgt werden,

---

[142] Vgl. *WebTrack Information Sevices*: What Sort of Content are Corporate Sites Offering? in: InterAd (1995), No. 7, [URL http://www.webtrack.com/interad/9507/tracking.html].

Carst. 25: Tips der Procter & Gamble Verbraucherberatung

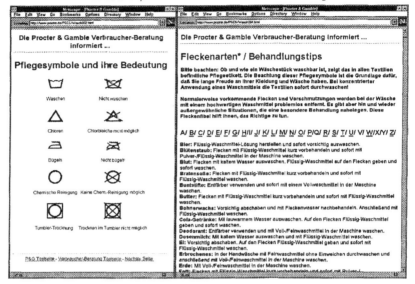

was die Zuordnung in PR oder Vkf betrifft, ist eine Diskussion vor dem Hintergrund des Zwangs zur integrierten Kommunikation müßig und wird deshalb an dieser Stelle unterbleiben. Da die ausführliche Produktdarstellung auf den Online-Präsenzen der Unternehmen dem gedruckten Prospekt sehr nahe kommt, soll eine genauere Darstellung im Abschnitt Vkf erfolgen. Eine Einordnung in den Bereich Produkt-PR wäre aber sicherlich genauso möglich.

An dieser Stelle soll deshalb nur kurz erwähnt werden, daß sämtliches zur Ansprache von Kunden oder potentiellen Kunden bisher zur Verfügung stehende Material auf der Online-Präsenz plaziert werden kann. Viele Maßnahmen der Produkt-PR, wie beispielsweise Verbraucherberatung per Telefon etc., lassen sich auch in CMEs realisieren.

Darst. 26: Rezeptservice des Maggi Kochstudio

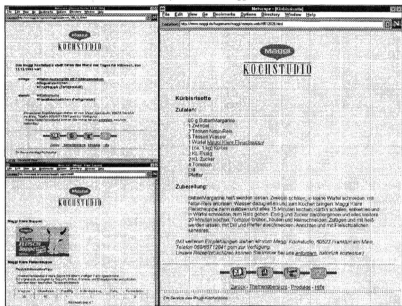

(2) Aktionäre

Für Zielgruppen, die sich hauptsächlich für die wirtschaftliche Situation des Unternehmens interessieren, lassen sich aktuelle Kennzahlen oder der momentane Börsenkurs der Firmenaktie auf der Homepage darstellen. Auch eine Publikation des Geschäftsberichts via WWW ist denkbar und wird von einigen Firmen bereits betrieben.

Darst. 27: Silicon Graphics' Investor Information

(3) Umweltschutzverbände

Stellvertretend für die „kritische Öffentlichkeit" seien Umweltschutzverbände genannt. Für diese Anspruchsgruppen lassen sich z.B. Aussagen über die Umweltverträglichkeit der Produkte oder Möglichkeiten des Recyclings in die Online-Präsenz mit aufnehmen. Auch lassen sich Aktionen dokumentieren, die innerhalb der Belegschaft zu einem schonenderen Umgang mit der Umwelt führen sollen, wie dies z.B. Die Bank of America macht.

Darst. 28: Das Umweltschutzprogramm der Bank of America

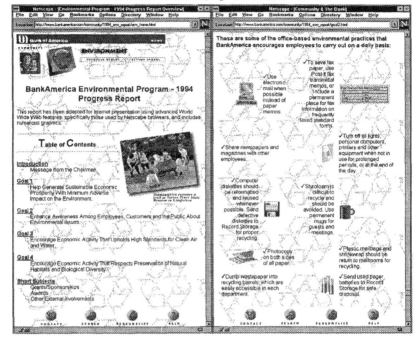

(4) Presse

Sowohl für Fachpresse als auch für die Tagespresse ist es möglich über die eigene Home-page Informationen anzubieten. Vor allem im Entertainment-Bereich ist es inzwischen fast üblich interaktive Presse Kits mit Informationen über den neuesten Film oder die neueste CD eines Musikers zum download bereitzustellen. Eines der ersten dieser Art war das vielbeachtete „Woodstock '94 Interactive Press Kit", das die CD zum Woodstock Open Air unterstützen sollte.[143] Sofern die Informationen auf der Homepage aktuell gehalten wer-den, können sie auch eine Quelle für die Tagespresse darstellen. Einen Tag nach Be-kanntwerden der Übernahme von *Capital Cities/ABC* durch den *Disney* Konzern konnte man z.B. auf dessen WWW-Seite aus erster Hand *Disney's* Sicht der Dinge erfahren.

Journalisten machen zunehmend Gebrauch von Online-Medien. Eine Umfrage unter Computerjournalisten mit e-mail Adresse hat ergeben, daß fast zwei Drittel Online-

---

[143] S. *Krakowa, Lisa C.*: The Virtual Mosh Pit, in: American Demographics Iss: Marketing Tools (1995), No. 6, pp. 26-29.

Präsenzen und Diskussionsplattformen zur Informationsgewinnung nutzen. Über 90% gehen davon aus, daß Online-Medien in ihrem Beruf an Bedeutung gewinnen werden. Am meisten wird die Fähigkeit geschätzt rund um die Uhr Zugriff zu haben, sowie die Möglichkeit auch spezielle Informationen zu finden. Das Dilemma heutiger PR-Arbeit im High-Tech Bereich macht diese Aussage eines Jounalisten deutlich: „It's easier to get information [online] than calling up a PR person who may not have a clue as to what you're looking for."[144] Viele schätzen deshalb auch die Möglichkeit per E-Mail, unter Umgehung der PR Abteilung, direkt mit den Entwicklern der Produkte in Kontakt treten zu können. Übereinstimmend wünschten sich die befragten Journalisten auf den Online-Präsenzen nicht nur Pressemitteilungen (da sie die ohnehin weiterhin per Post bekommen), sondern darüber hinaus tiefgreifendere Informationen wie Strategiepapiere oder detaillierte Produktvergleiche. Beklagt wird ein Bombardement von E-Mails mit, wie sie sagen, unbrauchbaren, da nichtssagenden Inhalten.[145] Viele Journalisten setzen deswegen Filter in ihren E-Mail Clients ein, die Nachrichten von bestimmten Absendern gar nicht erst anzeigen, sondern gleich löschen.[146]

Durch die umgekehrte Kräfteverteilung in Computer-Mediated Environments ist das passive Bereitstellen von Informationen deshalb oft die beste Methode einer aktiven Pressearbeit.

5.2.1.2 Aktiv: E-Mail und Mailinglisten als Tool

Der größere Teil der PR-Arbeit dürfte heute nicht im Bereitstellen von Informationen sondern im aktiven Handeln bestehen. Trotz der unterschiedlichen Rahmenbedingungen in CMEs können Online-Medien auch in bestimmten Bereichen der aktiven PR-Arbeit eingesetzt werden. Als Tools, die Online-Dienste und das Internet zur Verfügung stellen, bieten sich hier vor allem E-Mail und Mailinglisten an.

(1) E-Mail
Die Verwendung elektronischer Post ist analog zur Briefpost zu sehen. Zusätzlich ergeben sich einige technische Vorteile, wie die schnelle Übertragung oder das bequeme Versenden von Mitteilungen an große Gruppen. Doch gerade hier ist Vorsicht geboten. Obwohl

[144] *Successful Marketing Strategists*: A Quest for Insight: PR in Cyberspace, [URL: http://www.successful.com/ report.html], 1995, bereits im Original als Zitat.
[145] Vgl. hierzu auch *Hall, Chip*: "Just send 'em an Email..." – Famous Last Words of the Wired Communicator, in: Net.Vallue 1 (1995), No. 2, [URL: http://www.owi.com/netvalue/vli2e2.html].
[146] S. *Successful Marketing Strategists*: A Quest for Insight: PR in Cyberspace, [URL: http://www.successful.com/ report.html], 1995.

die Stellung von elektronischer Post rechtlich noch nicht eindeutig geklärt ist, wird die Zusendung von unangeforderten Werbebotschaften nicht akzeptiert. Es haben sich hier innerhalb der Anwendergemeinschaft Schutzmechanismen herausgebildet, die eine Handhabung von E-Mail analog der im Telefonmarketing gängigen Praxis ratsam erscheinen lassen.[147]

(2) Mailinglisten

Mailinglisten können innerhalb der Öffentlichkeitsarbeit als eine Art elektronische Firmenzeitung oder Newsletter eingesetzt werden. Ähnlich wie mit gedruckten Zeitungen kann man PR-Zielgruppen (z.B. Kunden) so all die Neuigkeiten mitteilen, die man für mitteilungswürdig erachtet. Natürlich kann auch auf Neuerungen innerhalb der Firmen-Homepage hingewiesen werden, so daß sich das Bereitstellen von Informationen und die aktive PR-Tätigkeit hier vereinen.

Ab einer bestimmten Unternehmensgröße ist zu überlegen, ob mehrere Mailinglisten für verschiedene Anspruchsgruppen angeboten werden sollen. Doch auch hier gilt, die Mailingliste ist nur ein Angebot, das Interessierte abonnieren können, aber nicht müssen. Niemand darf gegen seinen Willen auf eine Mailinglist gesetzt werden.

5.2.2 Interne Public Relations

Nach *Cutlip* (et al) ist es das Ziel innerbetrieblicher PR „to identify, establish, and maintain mutually beneficial relationships between the organization and the employees on whom its successs or failure depends."[148] Zur Erreichung dieses Ziels haben sich in der Vergangenheit eine Vielzahl von Mittel und Maßnahmen herausgebildet. Vieles hiervon ist durch Übertragung auch in Computer-Mediated Environments denkbar. Neben gestalterisch wenig anspruchsvollen Mitteln, wie E-Mail und Mailinglisten, mit denen Rundschreiben und Firmenzeitungen realisiert werden können, sind im World Wide Web auch multimediale Darstellungsformen denkbar. Hier ist dann die ganze Palette mediengestützter PR-Arbeit vorstellbar.

Ein Beispiel hierfür ist das LeviWeb des Textilherstellers *Levi Strauss*. Es ermöglicht allen 10.000 Mitarbeitern weltweit Zugriff auf Strategiepapiere, Firmengrundsätze, Reden des Chairmans Robert Haas sowie weiteres Material der internen Kommunikation. Sobald

---

[147] In 6.1 wird hierauf noch näher eingegangen, zu rechtlichen Fragen des Telfonmarketings s. *Kridlo, Stefan*: Rechtliche Aspekte beim Einsatz des Direktmarketing in: *Günter Greff/Armin Töpfer* (Hrsg.): Direktmarketing mit neuen Medien, 3., völlig überarb. u. erw. Aufl., Landsberg/Lech: Verlag Moderne Industrie, 1993, S. 117-127.

[148] *Cutlip, Scott* et al: Effective Public Relations, 6. edition, Englewood Cliffs: Prentice-Hall, 1985, S. 327.

genügend Bandbreite zur Verfügung steht sollen auch die Levi's Fernseh- und Kinospots via LeviWeb zugänglich sein.[149]

Viele Firmen haben in letzter Zeit eine interne Informationsinfrastruktur auf WWW Basis aufgebaut. Diese Entwicklung verläuft von der Öffentlichkeit weitgehend unbemerkt, da die für die Internet Kommunikation bestimmten Web-Server hinter sogenannten „Corporate Firewalls" liegen und nur innerhalb des Unternehmens zugänglich sind.[150] Technisch unterscheiden sich interne und externe Web-Server jedoch nicht, so daß leicht eine Verbindung geschaffen werden kann. Um Mitarbeitern von außerhalb des Unternehmens via WWW Zugriff auf die internen Informationen zu gewähren, läßt sich ein „Nur für Mitarbeiter" Bereich, der nur durch Passwortabfrage zugänglich ist, in die Homepage integrieren. *Siemens-Nixdorf* verwendet beispielsweise diese Lösung.

Gerade für multinationale Konzerne bietet sich hier die Möglichkeit einer konsequenten Kommunikation der Corporate Identity nach innen. Dazu gehört auch die spezifischen Eigenheiten der einzelnen Landesgesellschaften allen zugänglich zu machen, um durch Information die Integration voranzutreiben. Die Werbekampagnen der einzelnen Länder, oder Produkte, die man nur in bestimmten Märkten anbietet, können durch eine Präsentation im WWW allen Mitarbeitern bekannt gemacht werden. Das interne Web-Netz von *Sun Microsystems* besteht aus mehr als 600, über alle Abteilungen und Niederlassungen, verteilte Computer. Jede Abteilungen kann Informationen anbieten, und diese nur ihren „internal customers" oder der gesamten *Sun* Belegschaft weltweit zugänglich machen. [151]

Folgt man dem Konzept des internen Marketing, das im Zuge des Marketing Reengineering stark an Einfluß gewonnen hat, so sind sämtliche externen Marketinginstrumente als Instrumente des internen Marketing anzusehen, sofern sie die Mitarbeiter als „second audience" definieren. [152] Da dies auf die Online-Präsenz im Internet fast vollständig zutrifft, können alle diesbezüglichen Anstrengungen auch als Beitrag zur internen PR verstanden werden.

Der Kommunikation über externe Netze steht vielfach die vorhandene firmeninterne Infrastruktur entgegen. Eine Anbindung der firmeneigenen Local- und Wide Area Networks

---

[149] Vgl. *Parker, Rachel*: How LeviWeb Will Empower Employees, in: InfoWorld 17 (1995), No. 7, p. 78.
[150] Vgl. *Netscape Communications Corp.*: White Paper, [URL: http://www.netscape.com/coprod/at_work/white_paper/index.html], 1995.
[151] *Vgl. Anonymous*: Sun Microssystems' Internal Web Usage, in: Webmaster Online, (1995), October 4, [URL: http://www.cio.com/WebMaster/wmintracks.html].
[152] S. *Strauss, B./Schulze, H. S.*: Internes Marketing, in: Marketing ZFP (1990), Nr. 3, S. 152.

an das Internet ist nach technischen- und sicherheitspolitischen Aspekten zu prüfen. Wie die Entwicklung der letzten Monate gezeigt hat, scheint jedoch die Schnittstellenproblematik leichter lösbar zu sein, als dies ursprünglich angenommen wurde.

5.2.3 Issue Management und Krisen PR

Die Notwendigkeit innerhalb der öffentlichen Diskussion nicht auf bloßes Reagieren beschränkt zu sein, sondern aktiv in den Meinungsbildungsprozeß einzugreifen, hat zu neuen Ansätzen innerhalb der PR-Arbeit geführt.

5.2.3.1 Newsgroup Monitoring

Zur Früherkennung von „weak signals", die für die Zukunft des Unternehmens von Bedeutung sein könnten sollten Diskussionsplattformen (Newsgroups, Foren etc.) in den Beobachtungsbereich des strategischen Radars mit aufgenommen werden.[153] Aufgrund der hohen Anzahl und der damit einhergehenden tiefen thematischen Untergliederung erscheinen vor allem die Newsgroups des Internet sinnvoll. Unterzieht man die zur jeweiligen Firma oder Branche in Beziehung stehenden Newsgroups einer ständigen Beobachtung, lassen sich zukünftige Themenfelder und sich entwickelnde Stimmungen zu einem frühen Zeitpunkt aufnehmen. Die Firma kann nun innerhalb der Newsgroup offen oder verdeckt in die Diskussion eingreifen, sich vorerst ruhig verhalten und versuchen ein angesprochenes Problem zu lösen, oder durch Maßnahmen innerhalb der Kommunikationspolitik gegensteuern.

Ein Beispiel, welche Auswirkungen ein passives Verhalten haben kann, lieferte der Prozessorhersteller *Intel* 1994. In der Newsgroup *comp.sys.intel* tauchte ein Beitrag auf, in dem der Mathematiker *Dr. Nicely* über Fehlberechnungen des *Intel* Prozessors *Pentium* berichtete.[154] Nachdem *Intel* nicht reagierte bzw. später den Fehler leugnete, setzte eine Medienhysterie ein, die dem Image von *Intel* erheblichen Schaden zufügte. Die zur Besänftigung der verärgerten *Pentium* Besitzer veranstaltete Austauschaktion der fehlerhaften Prozessoren kostete *Intel* nach eigenen Angaben eine Milliarde US Dollar.[155]

---

[153] Zum System der „weak Signals" vgl. *Ansoff, J.*: Die Bewältigung von Überraschungen – Strategische Reaktionen auf schwache Signale, in: Zeitschrift für betriebswirtschaftliche Forschung (1976), S. 129-152.
[154] Vgl. *Stiller, Andreas*: Prozessorgeflüster – Der Bug von Intels Flaggschiff, in: c't Magazin für Computertechnik (1995) Nr. 1, S. 20-21.
[155] Vgl. *Kimball, James G.*: Intel Wipes out Surfing the 'Net, in: Advertising Age's Business Marketing 80 (1995), No.1, pp. 1, 27.

Inzwischen gibt es Programme auf dem Markt, die ein automatisches Monitoring der Newsgroups übernehmen. Alle Beiträge in Newsgroups, die ein bestimmtes Stichwort, wie beispielsweise den Produkt- oder Firmennamen enthalten, werden automatisch selektiert und angezeigt.[156]

Natürlich lassen sich aus dem Monitoring von Diskussionsplattformen auch Erkenntnisse für andere Bereiche des Marketing wie z.B. der Produkt- oder Preispolitik ziehen.

5.2.3.2 Direkte Reaktionsmöglichkeit im Krisenfall

Läßt sich auf der Beziehungsseite der Krisen-PR Vertrauen durch den Dialog mit den Anspruchsgruppen, beispielsweise über Newsgroups, aufbauen, ist auf der Inhaltsseite unmittelbare Information der Öffentlichkeit notwendig. Hierfür bietet sich die Online-Präsenz des Unternehmens als zusätzliche Plattform an. Inhalte können innerhalb kürzester Zeit verändert werden und stehen jedem Interessierten (mit Online-Zugang) zur Verfügung. Sind die in der Öffentlichkeit stehenden Mitglieder des Unternehmens im Krisenfall häufig nicht in der Lage auf die wichtigsten Fragen befriedigende Antworten zu geben, läßt sich durch die Einbindung der Online-Präsenz der Firma in den Krisenreaktionsmechanismus eine zufriedenstellende Darstellung der Situation aus Sichtweise des Krisenstabes erreichen.

Inwieweit dies die öffentliche Meinung beeinflußt, hängt natürlich vom Informationsverhalten des Einzelnen und der Massenmedien ab. Zumindest kann aber sichergestellt werden, daß Informationswilligen eine optimierte Stellungnahme der betroffenen Firma zugänglich ist.

5.3 Verkaufsförderung

Es ist nun zu untersuchen inwieweit Verkaufsförderung durch Online-Medium unterstützt werden kann und ob Verkaufsförderung in Computer-Mediated Environments selbst möglich ist. Das heißt zu den bisherigen Zielgruppen der Verkaufsförderung kommen auf der Stufe des Handels noch Absatzmittler hinzu, die kein reales Ladenlokal mehr besitzen, sondern nur noch im Netz präsent sind. Man betrachtet Verkaufsförderung traditionell

---

[156] Ein Beispiel ist das Programm eWatch, vgl. *Marx, Wendy*: Fear of Being Left Behind Prompts Publicity Pros to Explore Cyberspace, in: Advertising Age 66 (1995), [URL: http://www.adage.com/bin/viewdataitem.cgi?opinions/archives&opinions8.html], oder direkt beim Hersteller *eWorks!*: [http://www.ewatch.com/].

auf den drei Ebenen Hersteller, Handel und Endverbraucher, dieser Aufgliederung soll im weiteren gefolgt werden.

5.3.1 Aktionsebene Hersteller

Vkf-Maßnahmen richten sich auf Herstellerebene an die eigene Verkaufsorganisation mit dem Ziel der Effizienzsteigerung. Einsatzmöglichkeiten für Online-Medien ergeben sich in den folgenden Bereichen:

(1) Schulungs- und Weiterbildungsmaßnahmen

Durch die gestiegenen Anforderungen des Handels und die zunehmende Komplexität der Produkte hat die Schulung der Verkaufsmitarbeiter in den letzten Jahren stark an Bedeutung gewonnen. Doch „mit herkömmlichen Schulungsverfahren können sich die Betriebe die notwendige Fortbildung ihrer Mitarbeiter immer weniger leisten. Es öffnet sich immer stärker die Schere zwischen Schulungsanforderungen und Schulungskosten."[157] Als einen möglichen Ausweg nutzen Firmen bereits Computergestützte Aus- und Weitberbildungssysteme (Computer Aided Education). Diese Offline Systeme können dezentral in den unterschiedlichen Standorten eingesetzt werden und sparen so die Kosten für Anreise und Trainer. Durch die Anbindung dieser Systeme an Online-Medien kann eine regelmäßige Aktualisierung der Inhalte vorgenommen und so der Veralterung der Information entgegengewirkt werden. Auch die Durchführung von Schulungsmaßnahmen nur per Online-Dienst/Internet (Telelearning) ist möglich. Einer guten didaktischen Aufbereitung der Lerninhalte steht allerdings noch die beschränkte Einsatzmöglichkeit von Audio und Video entgegen. Da diese Einschränkung allerdings nur auf die (noch geringe) Bandbreite der Netze zurückzuführen ist, sind Entwicklungen auf diesem Gebiet zu erwarten.[158] In Amerika experimentiert man bereits mit Broadcasting im Internet. Vorlesungen werden versuchsweise live ins MBone des Internet eingespeist, Studenten mit direktem Zugang zum MBone können das Videobild auf ihrem Monitor sehen, per Tastatur Fragen an den Professor stellen und damit interaktiv auf den Ablauf der Vorlesung Einfluß nehmen.

[157] *Staub, Ulrich*: Einsatzmöglichkeiten elektronischer Medien im Direktmarketing in: *Greff, Günter/Töpfer, Armin* (Hrsg.): Direktmarketing mit neuen Medien, 3., völlig überarb. u. erw. Aufl., Landsberg/Lech: Verlag Moderne Industrie, 1993, S. 271.
[158] Vgl. *Bless, Heinz Joachim*: Development von Human Ressources über On- und Offline-Medien – Was Multimedia-Lehrprogramme für die Weiterbildung bedeuten, Vortrag vom 11.04.1995 gehalten anläßlich der Kongreßmesse Veränderung & Innovation in der Kommunikationswirtschaft (kom:m), Düsseldorf [masch.].

(2) Verkaufshilfen

Der Sales-Folder, als klassisches Instrument zur Unterstützung des Verkaufgsgesprächs, hat in den vergangeren Jahren durch die Miniaturisierung im Computerbereich ein digitales Äquivalent erhalten. Vor allem im Key-Account-Management werden immer häufiger Präsentationsprogramme auf Notebooks anstelle gedruckter Verkaufsunterlagen eingesetzt. Um die Daten laufend aktuell zu halten kann sich der Außendienst z.B. über Internet in den Rechner seiner Firma einloggen und automatisch ein Update durchführen.

(3) Berichts- und Informationssysteme

Mit Online-Medien lassen sich Inhalte, die zur Steigerung der Motivation der Außendienstmitarbeiter dienen sollen, aktuell und direkt übertragen. Umsatzzahlen, Sonderaktionen oder aktuelle Lagerbestände können über die Online-Präsenz des Unternehmens dem Außendienst zu Verfügung gestellt werden, eine direkte Ansprache des Einzelnen per E-Mail ist natürlich auch möglich. Hinzu kommen die verkaufsfördernden Aspekte der in 5.2.2 beschriebenen Maßnahmen der internen Kommunikation. Firmenzeitungen und Rundschreiben können zur Motivation des Außendienstes beitragen und damit einen verkaufsfördernden Charakter besitzen. Verkaufsförderung im Sinne einer Förderung des Verkäufers durch Entlastung von Routinearbeiten kann durch eine Umstellung des Berichtswesens auf elektronische Übermittlung betrieben werden. Die im Kapitel Interne PR gemachten Einschränkungen bezüglich der Kommunikationsinfrastruktur treffen auch auf den Bereich des „Staff Promotion" zu.

Seit einigen Jahren praktizieren Firmen eine Betreuung des Außendienstes durch geschlossene Benutzergruppen innerhalb des BTX-Systems.[159] Die durch den CEPT Standard begrenzte Darstellung der Informationen wirkt zwar meist wenig motivierend, eine Erleichterung der Routinetätigkeiten sowie eine schnelle Übermittlung von Inhalten ist jedoch gegeben.

5.3.2 Aktionsebene Handel

Während auf den Ebenen Hersteller und Verbraucher eine Unterscheidung in Vkf durch Online-Medien und Vkf in CMEs nicht erforderlich ist, da sich beide Zielgruppen aus natürlichen Personen zusammensetzen, ist auf der Ebene Handel eine differenziertere Betrachtungsweise notwendig. Bevor auf die Unterstützung der in CMEs Handel treibenden

[159] Zu Anwendungsbeispielen s. *Förster, Hans-Peter*: Business-Btx – Professionelle Anwendungsmöglichkeiten von Bildschirmtext mit intelligenten Btx-Terminals und Personalcomputern, Haar bei München: Markt-u.-Technik-Verlag, 1984, S. 125-160.

Unternehmen eingegangen wird, soll der Einsatz von Online-Medien zur Stärkung der traditionellen Handelspartner thematisiert werden.

5.3.2.1 Einsatzmöglichkeiten bei konventionellen Betriebsformen

In der Literatur wird der Prospekt den auf die Absatzmittler gerichteten Verkaufsförderungsmaßnahmen zugerechnet. Er dient der Information potentieller Abnehmer und soll das Verkaufsgespräch im Handel unterstützen.[160] Bei beratungsintensiven Produkten hat sich der Prospekt als effektives Mittel zur Unterstützung der Meinungsbildung potentieller Abnehmer nach Verlassen des Ladenlokals erwiesen. Für nicht erklärungsbedürftige Produkte spielt er praktisch keine Rolle. Die auf der Online-Präsenz dargestellten Produktinformationen könnte man als elektronische Form des Prospekts bezeichnen. Eine Darstellung der Online-Präsenz als Mittel zur Verbreitung von Produktinformationen soll deshalb

Darst. 29: Der Produktkatalog von VW und Volvos European Delivery Program

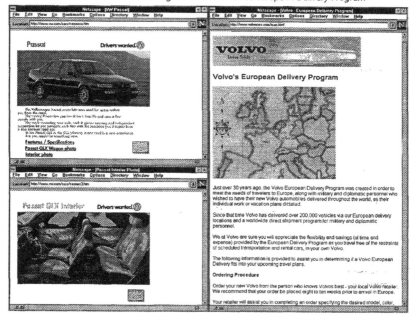

[160] S. *Koinecke, Jürgen:* Die wichtigsten Instrumente der Verkaufsförderung, in: *Wolfgang K. A. Disch/Max Meier-Maletz* (Hrsg.): Handbuch Verkaufsförderung, Zürich: Kriterion Verlag; Hamburg: Marketing Journal, 1981, S. 33.

an dieser Stelle erfolgen. Eine Behandlung bei Produkt PR wäre, wie bereits ausgeführt, ebenso möglich gewesen.

Die Hersteller versuchen in zunehmendem Maße die Information und Beratung der End-verbraucher selbst zu übernehmen. Die Online-Präsenz bietet hier ein optimales Tool zur direkten Ansprache unter Umgehung des Handels.[161] Auf die strategische Dimension des-sen ist bereits hingewiesen worden. Die Multimedia und Hypertextfähigkeit moderner CMEs bietet der elektronischen Produktinformation Möglichkeiten, auf die der gedruckte Prospekt verzichten muß. Da dies auf die gesamte Online-Präsenz zutrifft, sind die meisten Punkte im vorherigen Kapitel, eine Stufe höher angesiedelt, bereits behandelt worden. Die Vorteile deshalb nur nochmals kurz zusammengefaßt:

- *Erweiterung der Darstellungsmöglichkeiten um Audio und Video*
  Vor allem zur Demonstration der Funktionsweise des Produkts ist dies sinnvoll. Aus dem Fernsehen übernommene Werbespots machen hingegen keinen Sinn.

- *Ständige Aktualisierung möglich*
  Fehler können jederzeit verbessert werden, die Vernichtung ganzer Auflagen wegen Druckfehlern kann unterbleiben

- *Unterschiedliche Level der Spezialisierung*
  Bei der Konzeption des gedruckten Prospekts muß man sich auf eine bestimmte Darstel-lungstiefe des zu erklärenden Sachverhalts festlegen. Durch Hypertext ist es möglich auf der Online-Präsenz von der reinen Fotobroschüre bis zum Techniker- Referenz-Handbuch alles anzubieten. Die zu den einzelnen Aspekten angebotene Tiefe der Information ist nicht sofort sichtbar, eine Abwehrhaltung seitens der Anwender ist daher wie bei ge-druckten Werken dieser Art nicht zu befürchten.

Elektronische Produktinformationen auf der Online-Präsenz sind im Vergleich zu ihren gedruckten Pendants natürlich nicht transportabel, außerdem setzen sie einen Online-Zugang voraus, welcher die Zielgruppe einschränkt. Bei sehr hochwertigen Produkten, stellt sich zusätzlich das Problem, daß in der elektronischen Form natürlich jede Art des haptischen Erlebens wegfällt. Eine Differenzierung durch das bedruckte Material oder bestimmte Verarbeitungstechniken (Prägedruck etc.) ist nicht möglich. Auch erreicht die Darstellungsqualität von Fotos auf der Online-Präsenz nicht die Brillanz der gedruckten Version. Dies mag auch ein Grund dafür sein, daß Unternehmen, der Luxusartikel-Branche erst spärlich in Online-Medien vertreten sind. Unternehmen, die aufgrund ihrer Produkt-struktur Prospekte nur schlecht einsetzen können, müssen auch für die Inhalte ihrer Onli-ne-Präsenz andere Lösungen suchen. Eine Möglichkeit ist das Ausweichen auf Informa-tionen rund um die Verwendung des Produkts im Bereich der Produkt PR, wie dies die Beispiele von *Maggi* und *Procter&Gamble* zeigen.

---

[161] S. *Sietmann, Richard*: Bedrohen Online-Dienste den Fachhandel?, in: Funkschau (1995), Nr. 2, S. 36-39.

Die in der Literatur gemachten Aussagen zur Umsetzung der Produktinformationen für eine Verwendung auf der Online-Präsenz lassen sich in einem Statement von *Michael Strangelove* zusammenfassen: „Provide as much quality content in as many forms as possible (audio and video clips, pictures, text). Internet members constitute the most highly literate community in history and are, in fact responsible for the greatest resurgence in reading and writing since the early Renaissance."[162]

Eine über die Information der Endverbraucher hinausgehende Unterstützung des Handels durch Online-Medien ist nur in geringem Umfang möglich. Rechnet man ein elektronisches Bestellsystem, das der Hersteller für den Handel einrichtet zu Vkf, können hier die zahlreichen geschlossenen Benutzergruppen in BTX mit Beteiligten aus unterschiedlichen Absatzstufen genannt werden.[163]

Im Zuge der zunehmenden Erlebnisorientierung im Einzelhandel finden sich in den Verkaufsräumen immer öfter multimediale POI/POS Systeme. Diese nicht nur der Kundenbindung, sondern auch dem Hinausverkauf dienende Systeme lassen sich, sofern sie vom Hersteller zu Verfügung gestellt oder mitfinanziert werden, der Verkaufsförderung aus Sicht der Hersteller zurechnen.[164] Aus diesen Offline-Systemen werden aber nicht automatisch dadurch Online-Systeme, daß man sie zum Zwecke der Datenaktualisierung per Datenleitung mit einem Zentralrechner verbindet. Die Bedingung für eine Online-System, standortübergreifende Kommunikation in weitestem Sinne, ist hier nicht gegeben. POI/POS-Terminals sollten deshalb weiterhin als Offline-Anwendungen betrachtet werden und können hier nicht als Beispiel dienen.

In jüngster Zeit versuchen Hersteller zunehmend ihre zur Erlangung von Good-will praktizierte vertikale Präferenzstrategie auch auf die Online-Präsenz auszuweiten. Maßnahmen, die einer Stärkung der Stellung des Handels beim Endverbraucher dienen sollen, lassen sich auch im Bereich Vkf ansiedeln. Ein gutes Beispiel sind Suchmechanismen zur Auffindung des nächsten Händlers auf den Online-Präsenzen der Hersteller. Der Interessent muß nur seine Postleitzahl oder sein Bundesland eingeben und erhält die Händler in seiner Nähe, die die entsprechende Marke oder Produktgruppe führen. Vor allem im Markenar-

[162] *Strangelove, Michael*: The Walls Come Down – Net Age Advertising Empowers Consumers, in: Internet World 6 (1995), No. 5, p. 42.
[163] Vgl. *Litke, Bernd*: Chancen im Bildschirmtext in: *Günter Greff/Armin Töpfer* (Hrsg.): Direktmarketing mit neuen Medien, 3., völlig überarb. u. erw. Aufl., Landsberg/Lech: Verlag Moderne Industrie, 1993, S. 243-244.
[164] Zu Beispielen s. *Silberer, Günter*: Marketing mit Multimedia – Grundlagen, Anwendungen und Management einer neuen Technologie im Marketing, Stuttgart: Schäffer-Pöschel, 1995.

tikelbereich bieten sich noch weitere Ansatzpunkte für eine weitere Einbindung der Händler vor Ort in die Online-Strategie der Herstellerunternehmen.

Darst. 30: Suchmechanismen für Händler bei Rossignol und Saturn

5.3.2.2 Verkaufsförderung für virtuelle Shops

Da es Händler gibt, die zusätzlich zu ihrem Ladenlokal, oder auch ausschließlich Produkte in Online-Medien anbieten, muß die Möglichkeit der Verkaufsförderung in CMEs betrachtet werden. Um eine bessere Einordnung dieser Vertriebsform zu ermöglichen, werden kurz die Distributionsmöglichkeiten in Online-Diensten und im Internet aufgezeigt um dann Wege der Betreuung mit Vkf-Maßnahmen aufzuzeigen.

5.3.2.2.1 Online-Medien als Distributionskanal

Alle Betreiber kommerzieller Online-Dienste bieten Unternehmen die Möglichkeit den Online-Dienst zum Vertrieb von Produkten und Dienstleistungen einzusetzen. In T-Online können die Angebote auf der eigenen Online-Präsenz plaziert und von dort direkt bestellt werden. In den anderen Systemen gibt es sogenannte Shopping Malls, in denen die Angebote mehrerer Unternehmen versammelt sind. Durch die mangelhafte Darstellungs-qualität in BTX und die Dateiorientierung von CompuServe und AOL, war eine anspre-chende Präsentation der Waren bisher nicht möglich. Alle Anbieter unternehmen aller-dings momentan fieberhaft Anstrengungen um die Darstellungsqualität dem WWW an-zunähern. Noch kann man jedoch in kommerziellen Online-Diensten nicht von Virtuellen Shops sprechen, die Angebote ähneln eher einem Bestellsystem den einer Einkaufsumge-bung. Auch das über T-Online sehr erfolgreich praktizierte Telebanking leistet keinen Bei-trag zum Verkauf weiterer Produkte der Bank. Durch die völlig freien Gestaltungsmöglich-keiten beim Aufbau der Online-Präsenz im WWW bietet sich hier erstmalig die Gelegen-heit über ein reines Bestellsystem hinaus eine Einkaufsumgebung zu schaffen. Die Unter-nehmen des Handels, und natürlich auch Hersteller können ihre Produkte über die Onli-ne-Präsenz vertreiben oder sich ebenfalls zu Shopping Malls zusammenschließen. Der Zusammenschluß erfolgt aber hier freiwillig um den potentiellen Kunden im wildwu-chernden Internet eine Anlaufstelle zu bieten und nicht aufgrund systembedingter Zwän-ge.

Darst. 31: 1-800-Flowers in der AOL Shopping Mall

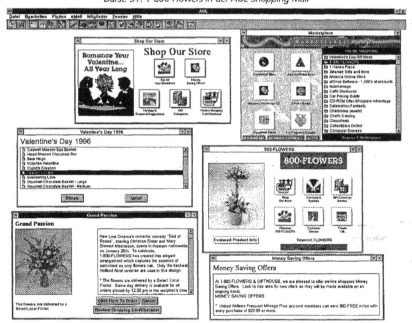

Bereits bei der Einführung von BTX wurde die Einsatzmöglichkeit als Distributionskanal weit überbewertet. Die mangelnde Darstellungsqualität und die kryptische Bedienung standen in krassem Gegensatz zu der zunehmenden Erlebnisorientierung im Handel. Um so erstaunlicher, daß sich dies in der aktuellen Berichterstattung über die Einsatzmöglichkeiten der neuer Online-Dienste und des Internet zu wiederholen scheint. Die Erkenntnis, daß die weit größeren Erfolgspotentiale in den, dem Kauf vor- und nachgelagerten Beratungsprozessen, liegen setzt sich erst langsam durch. Im Internet verhindert vor allem, das noch weitgehend ungelöste Sicherheitsproblem, einen stärkeren Einsatz zu Distributionszwecken. 1994 betrug der Wert der im Internet mit Kreditkarte bezahlten Waren 200 Mio. Dollar. Zum Vergleich: Im selben Jahr beliefen sich die von den Händlern zu zahlenden Kreditkartenprovisionen allein bei VISA auf 640 Mrd. Dollar.[165]

5.3.2.2.2 Betriebstypen in Computer-Mediated Environments

Ähnlich dem stationären Handel gibt es in CMEs unterschiedliche Betriebstypen. Ein Unterscheidungskriterium ist das Entwicklungsstadium der Online-Präsenz. Die unter BTX realisierten Bestellsysteme sind ein Beispiel für ein frühes Stadium, im WWW realisierte virtuelle Shops gehören der neuesten Kategorie an.

Darst. 32: Online-Präsenz von Neckermann in T-Online und Otto im WWW

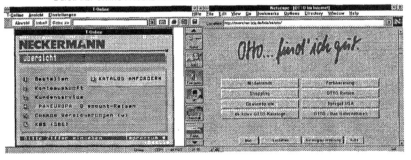

Die Betriebstypen lassen sich auch nach der Herkunft ihrer Betreiber untergliedern. Eine der ersten, die sich mit dem Vertrieb über Online-Medien befaßt haben, waren Unternehmen des Versandhandels. Sie nutzen die Online-Präsenz hauptsächlich für die Entgegennahme von Bestellungen, nur wenige Produkte werden Online präsentiert. Die Auswahl erfolgt bereits im Vorfeld über Katalog oder CD-ROM. Zögerlich engagieren sich

---

[165] S. Cortese, Amy: Cyberspace – Crafting software that will let you build a business out there, in: Business Week (1995), No. 9, [URL: http:www.news.com:80/magazines/bw/archive/02/022795.2.html].

langsam auch einige Unternehmen des stationären Einzelhandels. Vor allem Filialisten des LEH aus USA und England bieten versuchsweise eine Auswahl ihres Sortiments auch in CMEs an. Die dritte Gruppe, und mit Abstand die Erfolgreichste, sind Shops, die nur online existieren und kein reales Pendant mehr haben. Erfolgreich sind vor allem Firmenneugründungen, die früh mit dem Vertrieb über Online-Medien begonnen haben und auf Produkte spezialisiert sind, die den veränderten Rahmenbedingungen in CMEs entgegenkommen. Beispiele hierfür sind *1-800-Flowers* und *Virtual Vineyards*.[166]

Darst. 33: Weinauswahl bei Tesco und Virtual Vineyards

5.3.2.2.3 Terminologische Einordnung

Um Maßnahmen der Verkaufsförderung für diese Händler entwickeln zu können, soll zunächst noch eine Einordnung in das Gesamtsystem bestehender Handelsformen versucht werden. Man könnte sie, einige Autoren tun dies auch, mit Unternehmen des Versandhandels vergleichen. Die Online-Präsenz des Händlers z.B. seine Web-Page, übernimmt dabei die Rolle des Katalogs. Geht seine Aufbereitung des Sortiment allerdings über die Möglichkeiten eines Katalogs hinaus, so erscheint ein Vergleich mit Händlern mit realen Ladenlokalen passender.

Obwohl die haptische Komponente noch fehlt, ist die Online-Präsenz eines Händlers eher mit einem Ladenlokal als mit einem Katalog zu vergleichen. Der „virtuelle Händler" hat ähnlich dem realen die Möglichkeit Inhalt, Anordnung und Preis seines Sortiments täglich zu verändern. Den Unternehmern des Versandhandels bleibt dies verwehrt[167]. Noch ist die

---

[166] Die Erfolgsstory einiger kleiner virtueller Händler findet sich in: Solomon, Stephen D.: Staking a Claim on the Internet, in: Inc. Magazine 16 (1994), No. 15.

[167] Zu einer ähnlichen Auffassung gelangen Narasimhan, Anand/Chatterjee, Patrali: The Web as a Distribution Channel, [http://www2000.ogsm.vanderbilt.edu/seminar/patrali_anand_final/analys.htm], 1995.

Aufbereitung des Sortiments in virtuellen Shops textlastig und wenig ansprechend, doch zumindest im Internet steht der Entwicklung einer dreidimensionalen Shopping-Umgebung nichts entgegen

5.3.2.2.4 Maßnahmen der Verkaufsförderung

Betrachtet man also Händler in Online-Medien wie Betriebe des stationären Einzelhandels, so läßt sich auf sie die komplette Palette auf Absatzmittler gerichteter Verkaufsförderungsmaßnahmen anwenden.

(1) Rabatte

Da diese Betriebsform sehr neu ist, und sich die getätigten Umsätze (noch) in bescheidenen Grenzen halten existiert keine Handelsmacht, die die Hersteller zu Preiszugeständnissen veranlassen könnte. Die Macht liegt noch auf Seiten der Hersteller, so daß die Vkf-Maßnahmen zur Steigerung des Hineinverkaufs wie Listungs- oder Mengenrabatte (noch) keine große Rolle spielen.[168] Dies gilt natürlich nur für Händler, die ausschließlich über diesen Weg verkaufen und nicht für die Online-Dependencen der großen Handelsorganisationen der USA und Großbritanniens, die momentan im Entstehen sind. Diese können sowohl unter Zuhilfenahme von Markenprodukten für sich werben als auch zeitlich befristete Preisaktionen veranstalten. Erste Anzeigen von virtuellen Händlern mit Produkt und Preisinformationen, die Forderungen nach WKZ rechtfertigen könnten sind bereits gesichtet worden.

Darst. 34: Anzeige von Internet Shopping Network

Quelle: Gefunden in InfoSeek: [URL: http://www2.infoseek.com]

(2) POS Maßnahmen

Alles, was sich zur Schaffung von Kaufanreizen in realen Räumen einsetzen läßt, ist grundsätzlich auch in virtuellen Umgebungen denkbar.

Das wiederholte Auftauchen eines Markenlogos außerhalb des zugehörigen Sortimentsbereichs, als eine Art Zweitplazierung, Regalstopper an dreidimensionalen Einkaufsregalen, durch die sich der Kunde per Mausbewegung durchbewegen kann, sowie alle Arten

---

[168] Für eine systematische Aufstellung der Rabattarten s. *Irrgang, Wolfgang*: Strategien im vertikalen Marketing – Handelsorientierte Konzeption der Industrie, München: Verlag Vahlen, 1989, S. 83.

von Displays im virtuellen Raum sind nur eine Andeutung dessen, was mit moderner Technik möglich sein wird. Die in den USA zum Interaktiven Fernsehen veranstalteten Pilotprojekte liefern zwar keinen Grund für euphorische Prognosen, der dort praktizierten Art des Teleshopping wird, aber auch nicht die Zukunft gehören. Gefragt sein wird der aktive Erlebniseinkauf in virtuellen Realitäten per Head-Mounted Display und Data-Suite und nicht der passive Versorgungskauf per Fernbedienung.

(3) Category Management

So wie im SB-Bereich kann auch in virtuellen Shops die Warenplazierung und Warenpräsentation einen entscheidenden Einfluß auf den Verkaufserfolg einzelner Produkte haben. Im SB-Bereich hat dies dazu geführt, daß spezialisierte Firmen, von den Herstellern bezahlt, die optimale Zusammenstellung eines Verkaufsregals für den Handel erarbeiten. Diese als Category Management bezeichnete Maßnahme läßt sich auf Händler in Computer-Mediated Environments übertragen. Das Äquivalent zu den Verkaufsregalen sind in virtuellen Shops die einzelnen Bildschirmseiten mit der Auflistung der Produkte. Für den Händler stellt sich die Frage, wie er die einzelnen Produktkategorien gestalten soll, und wieviele Produkte pro Seite sinnvoll sind. Muß sich der potentielle Kunde bei der Suche nach dem gewünschten Produkt durch viele Ebenen klicken, ist er vielleicht verärgert, erhält aber andererseits nebenbei Anregungen zum Kauf weiterer Artikel, die er eigentlich

Darst. 35: Aufbereitung des Warenangebots im Internet Shopping Network

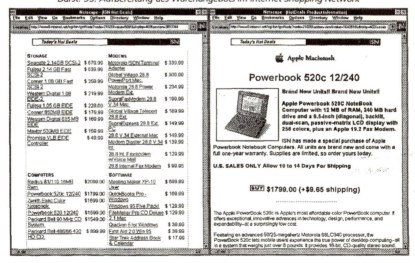

gar nicht gesucht hat, aber nun trotzdem noch mitbestellt. Das andere Extrem ist ein Suchmechanismus, der nach Eingabe des Produktnamens direkt in die betreffende Sektion führt. Dies ist der für den Kunden schnellste Weg, läßt aber wenig Spielraum für zusätzliche Produktanregungen. Bis eine dreidimensionale virtuelle Shopping Umgebung realisiert werden kann, stellt die Aufbereitung des Sortiments die größte Herausforderung für virtuelle Händler dar. Ein Einkaufsbummel ist in zweidimensionalen Umgebungen nicht wirklich möglich, Maßnahmen um den Kunden trotzdem möglichst lange auf der Online-Präsenz des Händlers zu halten müssen entwickelt werden.

Dies ist jetzt der Punkt, in dem Category Management für virtuelle Shops einsetzen muß. Softwareprogramme zur optimalen Aufbereitung des Warenangebots müssen entwickelt werden. Je bedienungsfreundlicher die Benutzeroberfläche des virtuellen Shops und je leistungsfähiger die dahinterliegende Datenbank, desto eher kann sich auch in CMEs ein Shopping-Erlebnis einstellen. Im SB-Bereich hat die Marktmacht des Handels dazu geführt, daß die Kosten des Category Managements von den Herstellern getragen werden. Von dieser Situation ist der Handel in CMEs noch weit entfernt, auf Herstellerebene sollte man jedoch die Entwicklung im Auge behalten und sich gegebenenfalls frühzeitig an Forschungsprojekten beteiligen.[169]

5.3.3 Aktionsebene Verbraucher

Die größte Vielfalt der Verkaufsförderungsmaßnahmen in CMEs bietet sich auf der Ebene der Käufer bzw. Nutzer. Durch die Notwendigkeit Anreize zum Besuch der Homepage zu bieten, haben sich Formen von Content entwickelt, die Parallelen in klassischen Verkaufsförderungsmaßnahmen haben. Die wichtigsten sollen kurz vorgestellt werden.

(1) Preisausschreiben/Gewinnspiele
Die Preisausschreiben zugrundeliegende Absicht ist es Aufmerksamkeit, Bekanntheit und Sympathie für Produkte oder Unternehmen zu erzeugen. Um die korrekte Lösung zu ermitteln, ist meist eine nähere Beschäftigung mit dem Produkt nötig, Produktmerkmale können dem Teilnehmer nähergebracht werden.[170] Im Zuge der Bedeutungszunahme des Direktmarketing, werden Preisausschreiben heute vorwiegend zur Adressgenerierung eingesetzt. Reine Gewinnspiele, ohne vom Teilnehmer zu lösende Aufgabe, erfüllen auch diesen Zweck.

---

[169] Zum Beispiel die von CommerceNet mitfinanzierten Forschungen an der Vanderbild University.
[170] Vgl. *Böhme-Köst, Peter:* Verkaufsförderung mit Preisausschreiben, in: *Wolfgang K. A. Disch/Max Meier-Maletz* (Hrsg.): Handbuch Verkaufsförderung, Zürich: Kriterion Verlag; Hamburg: Marketing Journal, 1981, S. 485-487.

Eine Übertragung von Preisausschreiben auf die Online-Präsenz der Hersteller ist technisch ohne Probleme möglich. Was die rechtliche Unbedenklichkeit betrifft, müssen die Gesetze der Länder, aus denen die Teilnehmer kommen, beachtet werden. Nachdem diese weltweit höchst unterschiedlich sind limitieren viele Anbieter die Teilnahmemöglichkeit auf bestimmte Länder oder Regionen. Das bei am POS veranstalteten Gewinnspielen häufig auftretende Problem, die Erweckung eines möglichen Kaufzwangs zu umgehen, ist hingegen in CMEs kein Thema.

Der größte Vorteil der Online-Präsenz als Veranstaltungsort von Preisausschreiben ist die sofortige Reaktionsmöglichkeit der Teilnehmer. Teilnahmekarten müssen nach dem Ausfüllen nicht erst zur Post oder zum POS gebracht werden. Die Beantwortung der Frage sowie das Eingeben der persönlichen Daten erfolgt sofort per Tastatur, mit einem weiteren Klick ist die Antwort abgeschickt. Dadurch begründet sich die Hoffnung, daß sich der Teilnehmerkreis, der in CMEs veranstalteten Preisausschreiben zu einem geringeren Prozentsatz aus „professionellen Glücksrittern" zusammensetzt als dies bei den klassischen Formen der Fall ist. Hier stellt sich nun die Frage der zu erreichenden Zielgruppe.

Grundsätzlich gelten natürlich die durch die Zusammensetzung der Nutzerschaft bedingten Einschränkungen. Darüber hinaus sind aber die gleichen Strategien wie bei klassischen Preisausschreiben möglich. Bei klassischen Preisausschreiben bestimmt der Ort im wesentlichen die Zusammensetzung der Teilnehmerschaft. Je nach Zielsetzung wird man die einzubeziehenden Handelspartner und Massenmedien auswählen. Dies gilt für Aktionen in CMEs genauso. Natürlich kann jeder, ob Zielgruppe oder nicht, die Online-Präsenz besuchen und teilnehmen. Erfolgt aber keine Bewerbung des Gewinnpiels über Massenmedien oder Online-Präsenzen Dritter wird die Teilnehmerstruktur nicht sonderlich von der Struktur der gewöhnlichen Besucher der Online-Präsenz abweichen. Viele Firmen setzen aber Gewinnspiele ein, um die Attraktivität ihrer Online-Präsenz zu erhöhen und Besucher anzuziehen. Wird das Gewinnspiel aber nicht über zielgruppenadäquate Werbeträger kommuniziert, ist eine von der Zielgruppe abweichende Teilnehmerschaft unumgänglich. Heißt die Zielgruppe des Gewinnspiels beispielsweise geschäftliche Vielflieger, würde wohl niemand auf die Idee kommen, hierfür eine Anzeige in *USA today* zu schalten. Damit ist aber das Vorgehen von *Cathay Pacific* zu vergleichen, die ihr *CyberTraveller* Gewinnspiel (s. Darst. 45) über Anzeigen in *Yahoo!* und *InfoSeek* beworben haben.

Darst. 36: Gewinnspiele von Barclaycard und CFI Travel

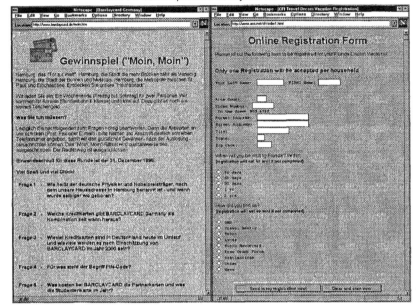

Anders der Fall *CFI Travel* (Darst. 36). *Die* Angebote dieses Reiseveranstalters richten sich an die breite Öffentlichkeit. Die Bewerbung des Gewinnspiels auf Online-Präsenzen mit heterogener Nutzerstruktur, wie *Netscape* oder *Yahoo!*, trägt also zur Erreichung des Ziels, möglichst viele Nutzer zum Besuch der Homepage von *CFI Travel* zu bewegen bei.

(2) Sampling

Ein sinnvoller Einsatz von Online-Medien zur Streuung von Produktproben hängt von der Branche, dem Produkt und der Zielgruppe ab. Für alle Produkte und Branchen kann eine Bestellmöglichkeit von Proben auf der Online-Präsenz geschaffen werden. Die spezifische Vorteile der Online-Medien lassen sich hierbei jedoch nicht nutzen, außerdem verursacht die Zusendung der Proben per Post mitunter beträchtliche Kosten. Für Firmen, deren Budget eine Verteilung von Produktproben an alle Haushaltungen ganzer Regionen oder Bundesländer zuläßt, sollte der finanzielle Aspekt kein Problem darstellen. Sie sind aber oftmals Hersteller von Produkten, die kaum jemand freiwillig anfordern würde.

Interessanter ist da schon der Einsatz von Online-Medien zur Distribution der Produktproben. Dies beschränkt den Einsatzbereich allerdings auf Branchen, deren Produkte entweder direkt für den Gebrauch im Computer gemacht sind, oder sich mit Hilfe von Computern darstellen lassen. Neben der Software-Branche, für die sich eine nahezu ideale Chance zur Verteilung von Demoversionen ergibt, seien die Unternehmen der Musik-, Verlags- und Filmbranche genannt. Im Softwarebereich hat sich, durch die Möglichkeit von nahezu jedem Punkt der Erde aus Software zu geringsten Kosten weltweit zu verbreiten, eine Verschiebung der Kräfteverhältnisse zwischen kleinen und großen Anbietern ergeben.

Für Medien Unternehmen stellt sich die Herausforderung ihre, meist ohnehin digital produzierten Inhalte, für die Verwendung mit dem Computer aufzubereiten. Buchverlage haben die Möglichkeiten relativ frühzeitig erkannt. So gut wie jedes Buch, das sich mit dem Thema Internet beschäftigt, hat eine eigene Homepage mit Textproben aus den einzelnen Kapiteln. Eine Ausweitung auf Bücher anderen Inhalts ist momentan im Gange. Auch die im Abschnitt Werbeträger erwähnten Zeitungen und Zeitschriften, die nur einen Teil der Artikel der Printausgabe online zur Verfügung stellen, verteilen in gewisser Weise Kostproben ihrer Produkte. Selbst Verleger von Comics stellen Kurzgeschichten zum download auf ihren Online-Präsenzen bereit.[171]

Darst. 37: Kostproben der Werke von Tori Amos und Annie Lennox

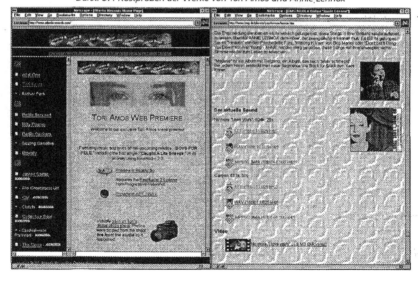

---

[171] Vgl. *Jensen, Jeff*: Comics' High-Tech Weapons, in: Advertising Age 65 (1994), No. 38, pp. 20-24.

Für Plattenfirmen ergibt sich die Möglichkeit Teile von Musikstücken oder Videos, ihrer unter Vertrag stehenden Künstler, online anzubieten. Viele Musiker haben eine eigene Online-Präsenz, die ihrem Image entsprechend gestaltet ist und jede Menge Promotion Material enthält.[172] Aber auch hier gilt, Präsentation von Werbung auf der Online-Präsenz funktioniert nicht, die Zielgruppe muß mit Informationen rund um den Künstler oder unterhaltenden Elementen angesprochen werden. Die Single „Caught a Lite Sneeze" von *Tori Amos* wurde sogar zuerst im WWW (in voller Länge) und dann erst auf Platte veröffentlicht.[173]

Darst. 38: Das Apollo 13 Online Promotion Spiel

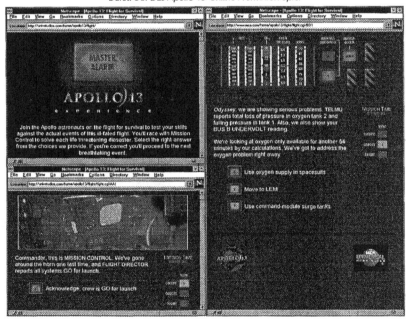

(3) Spiele

Vor allem für nicht erklärungsbedürftige Produkte ergibt sich die Notwendigkeit Inhalte auf der Online-Präsenz anzubieten, die der Unterhaltung dienen und gleichzeitig die Kundenbindung erhöhen. Computerspiele mit produktbezogenem Inhalt auf Diskette

---

[172] Vgl. *Stolz, Markus*: Fr sch gezapft vom Internet, in: W&V 31 (1995), Nr. 46, S. 98-100.
[173] Vgl. *Anonymous*: Web to Debut Major Single, in: Internet World Fridag, (1995), December 8, [URL: http://pubs. iworld.com/iw-online/iw-friday/].

oder CD-ROM haben in den letzten Jahren als Mittel der Verkaufsförderung an Beliebtheit gewonnen. [174] Bis zu einem gewissen Speicherumfang lassen sich diese Spiele auf der On-line-Präsenz zum download bereitstellen. Eine weitere Möglichkeit ist die Produktion von Spielen, die direkt auf der Online-Präsenz gespielt werden. Vor allem die Hollywood Stu-dios setzen Online-Spiele, die Rund um die Handlung eines Films, konstruiert sind zur Promotion ein. Das erste vielbeachtete Beispiel dieser Art war ein Online-Spiel zur Unter-stützung des Films *„Tank Girl"*. [175]

(4) Kundenclubs
Online-Präsenzen bieten auch gute Möglichkeiten das bekannte Konzept der Kunden-clubs in Computer-Mediated Environments zu übertragen. Teile des Angebots auf der Online-Präsenz können z.B. nur für Clubmitglieder zugänglich sein. Neben der Erweite-rung bestehender Clubs um eine Online-Komponente können auch rein virtuelle Clubs gegründet werden. Sie bieten den Anbietern vor allem die Möglichkeit Angaben über die Zusammensetzung der Nutzer zu erhalten. Um Nutzer zur Registrierung zu bewegen (Eintritt in den Club) können weitere Anreize, wie. z.B. Teilnahme an einer Verlosung ge-schaffen werden. Wie bei realen Kundenclubs auch, soll die Kundenbindung gestärkt werden und ein möglichst regelmäßiger Besuch der Online-Präsenz erreicht werden.

5.4 Sponsoring

Unter Sponsoring versteht man die „Planung, Organisation, Durchführung und Kontrolle sämtlicher Aktivitäten, die mit der Bereitstellung von Geld- oder Sachmitteln durch Unter-nehmen für Personen und Organisationen im sportlichen, kulturellen oder sozialen Be-reich zur Erreichung von unternehmerischen Marketing- und Kommunikationszielen ver-bunden sind." [176] Ausgehend von dieser allgemeinen Definition von *Bruhn*, läßt sich im Bereich Sponsoring eine Reihe von Einsatzmöglichkeiten für Online-Dienste und das In-ternet lokalisieren.
Untersucht man die konkret existierenden Ausprägungsformen, lassen sich daraus vier Modelle des Sponsorings in CMEs ableiten. (s. Darst. 39)

Modell 1: Kommunikation des Sponsoring-Engagements
Modell 2: Online-Medien als Sponsoringinstrument

[174] Vgl. o. V.: Spiel mit hohem Einsatz, in: W&V 31 (1995), Nr. 46, S. 182-186.
[175] Vgl. *Anonymous*: Cyber Marketing Campaign Assesment: United Artists' "Tank Girl" Promotion, [URL: http://www.successful.com/tankgirl.html], 1995.
[176] *Bruhn, Manfred*: Sponsoring – Unternehmen als Mäzene und Sponsoren, Frankfurt am Main: Frankfurter Allge-meine; Wiesbaden: Gabler, 1987, S.16.

Modell 3: Sponsoring des Online-Engagements

Modell 4: Sponsoring Virtueller Ereignisse

Darst. 39: Sponsoringmodelle in CMEs

Die Modelle unterscheiden sich in der Intensität des Einsatzes von Online-Medien und in den ihnen zugedachten Funktion. Dies soll am Beispiel der Online-Präsenz verdeutlicht werden.

Im ersten Fall wird ein Ereignis in der realen Welt gesponsert, die Online-Präsenz des Sponsors dient nur zur Kommunikation dieses Engagements. Sie dient als Medium. Im zweiten Fall verfügt der Gesponserte zur Kommunikation seiner Aktvitäten selbst über eine Online-Präsenz, der Sponsor ist hierauf im Rahmen des Sponsoring Abkommens vertreten. Die Online-Präsenz des Gesponserten dient jetzt als Sponsoringinstrument, vergleichbar den Trikots von Fußballmannschaften oder Ausstellungsplakaten. Im dritten Fall verwendet der Gesponserte die Sponsoringmittel zum Aufbau einer Online-Präsenz. Das Sponsorship dehnt sich in den virtuellen Raum aus. Eine Beantwortung der Frage wo das gesponserte Ereignis stattfindet wird zunehmend schwieriger. Die Online-Präsenz dient partiell bereits als Träger des gesponserten Ereignisses. Der vierte Fall stellt die anspruchsvollste Möglichkeit dar Online-Dienste und Internet im Rahmen des Sponsorings einzusetzen. Das gesponserte Ereignis findet nur noch im Computer-Mediated Environment statt, eine Entsprechung in der realen Welt existiert nicht mehr. Die Online-Präsenz bildet quasi den Veranstaltungsort. Diese, anhand der Online-Präsenz beschriebenen Unterschiede gelten auch für den Einsatz anderer Online-Medien zum Zwecke des Sponsoring. Im folgenden sollen diese vier Modelle näher beschrieben und ihre spezifischen Einsatzmöglichkeiten aufgezeigt werden.

5.4.1 Kommunikation des Sponsoring-Engagements

„Sponsoring bedarf der Werbeträger, Medien um Sponsoring-Aktivitäten an die Zielgruppe heranzutragen."[177] In diesem Modell ist das auch die Aufgabe, die den Online-Medien zugedacht ist. Sie dienen zur Kommunikation des Sponsoring Engagement des Unternehmens.

In den Prozeß der Thematisierung der klassischen Kommunikationsinstrumente durch Sponsoring sind auch die Online-Medien mit einzubeziehen. Sie dienen den klassischen Kommunikationsinstrumenten Werbung, PR und Verkaufsförderung als Plattform, wie weiter oben in diesem Kapitel ausführlich beschrieben. Die dargelegten Möglichkeiten und Einschränkungen gelten analog, so daß die Sponsoring-Aktivitäten hauptsächlich durch Publik Relations und Verkaufsförderung thematisiert werden können. Werbung (auf den Online-Präsenzen Dritter) eignet sich aufgrund der begrenzten Gestaltungsfläche nur bedingt.

Im Vkf-Bereich ist eine Ausweitung der bestehenden Gewinnspiele, die sich an den Endverbraucher wenden in CMEs möglich. Handel und eigene Vertriebsorganisationen sind auf anderem Wege meist besser zu erreichen. Im Bereich der Öffentlichkeitsarbeit läßt sich das Sponsoring-Engagement in allen mit Online-Medien ausgeführten PR-Maßnahmen thematisieren. Die Bandbreite reicht von einer einfachen elektronischen Pressemitteilung per E-Mail bis zur Schaffung von Bereichen auf der Online-Präsenz, die den Sponsoringaktivitäten des Unternehmens gewidmet sind. Auch die Errichtung einer eigenen Online-Präsenz, die der Unterstützung des gesponserten Ereignisses dient, fällt noch in dieses erste Modell. Es muß allerdings klar ersichtlich sein, daß die Online-Präsenz vom sponsernden Unternehmen und nicht vom Gesponserten betrieben wird.

Der Einsatz von Online-Medien zur Kommunikation der Sponsoringaktivitäten des Unternehmens ist für alle Sponsoringarten möglich. Als Zielgruppe kommen primär die Unternehmenszielgruppen des Sponsors in Betracht. Wird ein umfangreiches Informationsan-

---

[177] *Roth, Peter:* Sportsponsoring – Grundlagen, Strategien, Fallbeispiele, 2., überarb. u. erw. Aufl. (1. Aufl. unter d. Titel „Sportwerbung"), Landsberg/Lech: Verlag Moderne Industrie, 1989, S. 46.

gebot rund um das gesponserte Ereignis angeboten, kommen partiell noch die Zielgruppen des Gesponserten hinzu.

Darst. 40: Sponsoringaktivitäten von Cadillac und Budweiser

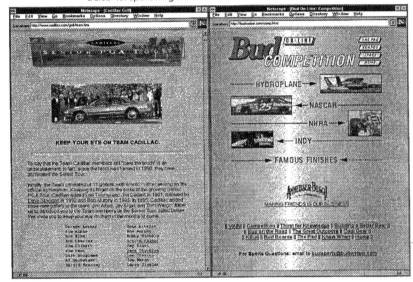

5.4.2 Online-Medien als Sponsoringinstrument

Mit der zunehmenden Verbreitung professioneller Marketing Methoden bei Organisationen und Veranstaltern, ist auch beim Gesponserten verstärkt der Einsatz von Online-Medien zum Zwecke der Kommunikation zu verzeichnen. Vor allem im Bereich des Sports besitzen bereits einige Akteure und Veranstalter eine Online-Präsenz im WWW.

Der Gesponserte nutzt Online-Medien zur Kommunikation seiner Aktivitäten, der Sponsor ist mit der Sponsoringbotschaft mitvertreten, Online-Medien werden zum Sponsoringinstrument. Ziel des Einsatzes dieses Sponsoringmodells ist es ein durchgängiges Sponsoringkonzept, auch in Computer-Mediated Environments hinein, zu verwirklichen sowie gegebenenfalls Traffic für die eigene Online-Präsenz zu erzeugen. Die mit dem Sponsoring des realen Ereignisses verfolgten Ziele gelten auch für den Einsatz in CMEs. Um, wie bei den Werbezielen bereits beschrieben, Besucher auf die eigene Präsenz zu locken, muß das Logo der sponsernden Firma oder Marke bzw. die Sponsoringbotschaft mit einem

– 116 –

Hyperlink unterlegt werden können. Besonders im Bereich Titelsponsoring ist hier Vorsicht geboten. Titelsponsoring hat zwar den Vorteil, das der Firmenname automatisch auf allen offiziellen Kommunikationsmitteln des Gesponserten erscheint, wie die kurze Geschichte des Sponsorings mit Online-Medien aber zeigt, haben viele Logos von Veranstaltungen, die den Namen des Sponsors im Titel tragen, keinen Link zu dessen Online-Präsenz.

Darst. 41: Die Online-Präsenz des Benetton-Renault Rennstalls und der US Open

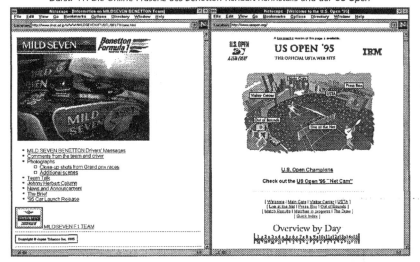

Ist man automatisch auf allen Kommunikationsmitteln des Gesponserten mitvertreten, sollte noch besonders auf eine CI-gerechte Gestaltung geachtet werden. Ohne pauschalieren zu wollen, regiert teilweise noch der Techniker, wo der Gestalter von Nöten wäre. Unterscheidet man zwischen Zielgruppen des Sponsors und des Gesponserten, so sind „für die Zielgruppenplanung im Sponsoring die quantitativen und qualitativen Übereinstimmungen beider Zielgruppenpotentiale von besonderer Bedeutung."[178] In diesem Modell hat der Einsatz der Online-Medien sicherlich keinen Einfluß auf die Zielgruppenplanung des gesamten Sponsoring-Engagements, das Hauptaugenmerk liegt auf der realen Veranstaltung und deren Zielgruppenzusammensetzung.

---

[178] Bruhn, Manfred: Sponsoring – Unternehmen als Mäzene und Sponsoren, Frankfurt am Main: Frankfurter Allgemeine; Wiesbaden: Gabler, 1987, S. 101.

Zusammenfassend läßt sich feststellen, daß dieses Modell vor allem für Großveranstaltungen geeignet scheint, sowie für Gesponserte mit starker Zielgruppenbindung zur Erreichung langfristiger Imageziele.

5.4.3 Sponsoring des Online-Engagements

Während im vorigen Fall das Hauptaugenmerk auf dem realen Ereignis lag, das durch den Gesponserten in CMEs hineingetragen wurde, bezieht sich dieses Modell nur noch auf das Engagement des Gesponserten im Computer-Mediated Environment.

Am konkreten Fall muß man sich dies etwa so vorstellen. Ein Museum, das sich auch aus Sponsoringmitteln finanziert, möchte eine Präsenz im World Wide Web errichten. Ein Sponsor stellt zum Aufbau der Präsenz Geld- oder Sachmittel bereit und das Museum bietet nun einen Teil seiner Ausstellungsstücke auch im Internet zur Besichtigung an. Der Sponsor entrichtet die Sponsoringmittel an das real existierende Museum, welches sie dann für eine virtuelle Ausstellung verwendet. Wichtig ist, daß der Sponsor der Online-Präsenz mit der realen Ausstellung nichts mehr zu tun hat, und das Museum nur Dinge digital zur Verfügung stellt, die auch real im Museum existieren.

Interessant ist dieses Modell vor allem für Organisationen aus dem Kultur und Sozialbe-

Darst. 42: Die durch Sponsoring ermöglichten Online-Präsenzen von Child Quest International und des Salvador Dali Museums

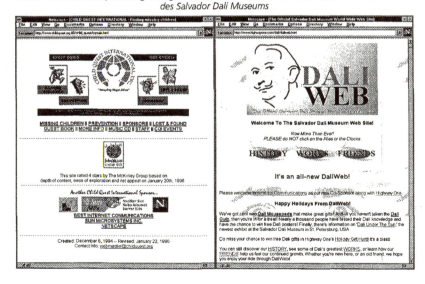

reich, die ihre Inhalte auch in CMEs präsentieren wollen, denen dafür aber die finanziellen Mittel fehlen. Als Gegenwert erhält der Sponsor die Möglichkeit sein Firmenlogo oder eine kurze Sponsoringbotschaft auf der Online-Präsenz des Sponsors zu plazieren.

Ab diesem Modell werden Online-Medien nicht mehr zur Kommunikation realer (gesponserter) Ereignisse verwendet, sondern das Sponsoring Objekt befindet sich im Computer-Mediated Environment. Kommunikation ist nicht mehr das Ziel, ab hier beginnen wieder die originären Ziele des Sponsoring zu wirken, nur in einem anderen Bezugsrahmen. Nach *Bruhn* ist Sponsoring besonders geeignet zur Steigerung des Bekanntheitsgrades, Verbesserung des Images und Erlangung von Goodwill.[179] Dies trifft so auch auf Sponsoringaktivitäten in CMEs zu. Besonders die Steigerung des Bekanntheitsgrades ist für, wie *Bruhn* sie nennt, professionelle Sponsoren von besonderer Wichtigkeit.[180] Als professionelle Sponsoren können, ähnlich den Ausrüstern im Sport, Service-Provider, Agenturen und Hardwarehersteller bezeichnet werden.

Die Zielgruppe von Sponsoring Aktivitäten nach diesem Modell kann nur noch innerhalb der Netzgemeinde gesucht werden. Vielleicht wird der eine oder andere der Besucher des realen Ereignisses dazu bewogen auch die Online-Präsenz zu besuchen, im Sinne einer strategischen Sponsoringplanung ist jedoch auf die Besucher der Online-Präsenz abzustellen. Die Problematik der Zielgruppenbestimmung wird im nächsten Abschnitt noch näher angesprochen.

5.4.4 Sponsoring Virtueller Ereignisse

Dies ist die anspruchsvollste Form Online-Medien zu Zwecken des Sponsoring einzusetzen. Im Gegensatz zum vorherigen Modell existiert das gesponserte Ereignis nur noch im Computer-Mediated Environment, es ist vollständig virtuell, eine Umsetzung in der realen Welt existiert nicht mehr. Als Sponsoring Objekt können alle in CMEs angebotenen Inhalte dienen. Analog den Sponsoringformen in der realen Welt, kann man Sport-, Kultur- und Sozio-Sponsoring unterscheiden. Hinzu kommt noch, was ich Content-Sponsoring nennen möchte. Es dient wie das Programm-Sponsoring im Bereich des Fernsehens der Finanzierung von Inhalten (Content). Eine Beschränkung der Inhalte existiert nicht.

---

[179] S. *Bruhn, Manfred*: Sponsoring – Unternehmen als Mäzene und Sponsoren, Frankfurt am Main: Frankfurter Allgemeine; Wiesbaden: Gabler, 1987, S. 86-87.
[180] S. *Bruhn, Manfred*: Sponsoring – Unternehmen als Mäzene und Sponsoren, Frankfurt am Main: Frankfurter Allgemeine; Wiesbaden: Gabler, 1987, S. 86.

Mutet Sport in Computer-Mediated Environments auf den ersten Blick noch etwas eigenwillig an, so sind doch Wettkämpfe, in denen Teilnehmer an räumlich getrennten Orten über Computernetzwerke gegeneinander antreten vorstellbar. Schränkt die Interaktion per Tastatur/Maus und Monitor die Bandbreite der Möglichkeiten noch ein, werden mit moderneren Mensch-Maschine Schnittstellen (beispielsweise Datasuites) auch vielfältigere Erscheinungsformen möglich sein. Bereits heute finden Schachturniere im Internet statt, bei denen Teams aus verschiedenen Ländern gegeneinander antreten. *Intel* sponserte eine Veranstaltung, bei der Garry Kasparov gegen zehn Spieler aus der ganzen Welt über Internet Simultanschach spielte (Darst. 43). Internet-Nutzer konnten auf der Homepage der Veranstaltung die Spiele live verfolgen.

Darst. 43: Intel Virtual Chess Challenge

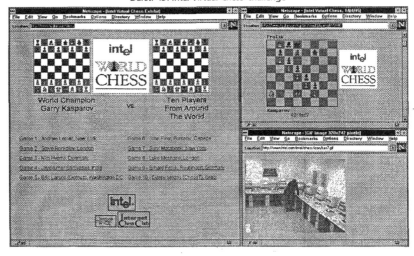

Ebenfalls konkrete Formen hat das Kultur-Sponsoring im Internet angenommen. Eine Reihe internationaler Künstler beschäftigt sich mit Formen der Kunst in virtuellen Räumen, die nur per Computer über das Internet zugänglich sind. Ergebnisse dieser Projekte sind mittlerweile nicht nur auf Veranstaltungen, die der Computerkunst gewidmet sind zu finden, wie der Ars Electronica in Linz, sondern auch auf etablierten Kunstforen wie der Biennale in Venedig.[181]

---

[181] *Fey, Jürgen*: Abschied vom Mythos – Die Ars Electronica in einer Sinnkrise, in: c't Magazin für Computertechnik (1995) Nr. 8, S. 56-57.

Beispiele für Sozio-Sponsoring finden sich vorwiegend im Bildungsbereich. Projekte, die sich mit der technischen- und sozialen Entwicklung des Internet befassen werden, wie Forschungsprojekte, die außerhalb des Internet stattfinden auch häufig durch Sponsorengelder unterstützt. Einige Universitäten denken bereits über Fernstudiengänge per Internet nach, einem Sponsoring „virtueller Lehrstühle" steht prinzipiell nichts entgegen.

Beim Content-Sponsoring wird die Grenze zur Werbung fließend. Wie im Abschnitt Werbung dargelegt, kann versucht werden jede Art von Inhalt durch Werbung zu finanzieren. Das gleiche gilt auch für Sponsoring. Eine Abgrenzung kann über die Absichten, die der Sponsor mit dem Engagement verfolgt versucht werden. Ist es nur das Ziel Traffic für die eigene Online-Präsenz zu generieren, handelt es sich um Werbung. Ist es darüberhinaus Ziel Sympathie und Good Will bei der Zielgruppe zu erreichen, kann es sich um Sponsoring handeln. Aber auch diese Unterscheidung trifft nicht immer. Die im Abschnitt Werbeträger vorgestellten Search Engines stellen für die Netz-Gemeinschaft eine unverzichtbare Einrichtung dar. Sie werden durch Werbung finanziert, und können nur deshalb allen kostenlos zur Verfügung gestellt werden. Man könnte also die Unterstützung von Search Engines auch als Sozio-Sponsoring bezeichnen. Ein zweiter Ansatzpunkt zur Unterscheidung ist die Dauer des Engagements. Sponsoring zeichnet sich meist durch eine längerfristige Verbindung eines Sponsors, oder einer kleinen Gruppe von Sponsoren, mit dem Gesponserten aus. Werbung dagegen lebt von einer Vielzahl von Inserenten und wechselnden Botschaften. Alles in allem bleibt, auch was die zukünftige Entwicklung betrifft, eine Abgrenzung schwierig.

Inwieweit Unterschiede im Planungsprozeß des Sponsorings von Aktivitäten im Internet zum Sponsoring realer Ereignisse zu beobachten sind, wird im folgenden dargestellt.

Bei den Zielen des Sponsoring Engagements kommen, wie bereits im vorherigen Modell, die originären Ziele des Sponsorings zum tragen. Hinzu kommt auch hier der Wunsch durch Hinterlegung von Hyperlinks Besucher auf die eigene Online-Präsenz zu locken. Bei der Auswahl von Sponsoringaktivitäten wird eine möglichst große Schnittmenge der Zielgruppen des Unternehmens mit den Zielgruppen des Gesponserten angestrebt. So ist zunächst zu prüfen inwieweit die relevanten Unternehmenszielgruppen Zugang zum Internet haben, und ob ein Engagement demzufolge überhaupt auf Resonanz innerhalb der Zielgruppe treffen kann.

Darst. 44: Fiva Online 95 und die Internet Marketing Discussion List

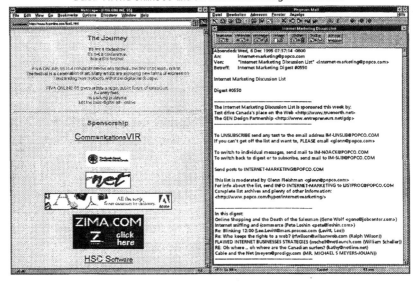

Die Zielgruppen des Gesponserten lassen sich nach *Roth* in direkt und indirekt erreichbare Zielgruppen des Sponsoring einteilen.[182] Über direkt erreichbare Zielgruppen (Zuschauer einer Sportveranstaltung, Besucher einer Ausstellung etc.) lassen sich meist nur spärliche Angaben machen. Dies ist leider auch im Internet nicht recht viel anders. Die bei der Reichweitenmessung angesprochenen Probleme treten natürlich auch hier zu Tage.

Berechnen läßt sich die Grundgesamtheit aller möglichen Besucher. Untersucht man weiterhin deren Freizeitinteressen, so lassen sich zumindest Hinweise ableiten, inwieweit diese Interessen allgemein mit den gesponserten Aktivitäten positiv korrelieren. Die bereits erwähnte Sonderauszählung der *Typologie der Wünsche Intermedia 95* ergab, was das Potential für Kultursponsoring betrifft, recht ermutigende Ergebnisse.

Die von Burda als „Online-Elite" (sic!) definierten 3,45 Millionen Haushalte, die PC und Modem besitzen bzw. die Anschaffung in den nächsten 12 Monaten planen, haben ein stärkeres Interesse an Kunst und Kultur als der Schnitt der Gesamtbevölkerung. Sie gehen häufiger in Ausstellungen und nutzen Fernsehsendungen die über Kunst/Kultur berichten

---

[182] S. *Roth, Peter.* Sportsponsoring – Grundlagen, Strategien, Fallbeispiele, 2. überarb. u. erw. Aufl. (1. Aufl. unter d. Titel „Sportwerbung"), Landsberg/Lech: Verlag Moderne Industrie, 1989, S. 49.

intensiver.[183] Auf die Schwäche dieser Untersuchung sei allerdings nochmals hingewiesen. Der Besitz eines Modems impliziert nicht automatisch die Nutzung eines Online-Dienstes bzw. des Internet, umgekehrt muß der Zugang nicht notwendigerweise von zu Hause aus erfolgen.

Indirekte Zielgruppen, die über eine Berichterstattung in den Medien erreicht werden können fallen, nahezu gänzlich weg. Noch wird durch den allgemeinen Medienrummel begünstigt, relativ viel über Aktionen im Internet berichtet. Auf lange Sicht ist allerdings zu erwarten, daß sich die Berichterstattung auf dem Niveau gesponserter kultureller- und sozialer Aktivitäten einpendelt. Für die Auswahl der Sponsoringobjekte, der Sponsoring-botschaft und des Gesponserten gelten die Überlegungen zum Sponsoring realer Ereignisse analog.[184] Die Sponsoringinstrumente sind allerdings nur schwer zu vergleichen. Auf Grund der Gestaltungsmöglichkeiten wird die Sponsoringbotschaft fast ausschließlich in WWW-Seiten integriert. In manchen Fällen sind auch Mailinglisten als Sponsoringinstrumente denkbar (s. Darst. 44).

Momentan ist in keinem der kommerziellen Online-Dienste Sponsoring in Form der letzten beiden beschriebenen Modelle möglich. Ähnlich wie bei der Werbung ist davon auszugehen, daß man sich soweit dem World Wide Web angleicht, das die hier formulierten Modelle auch dort Gültigkeit haben werden.

---

[183] *Burda Anzeigen-Marktforschung*: Potentiale für Online-Dienste in Deutschland – Bestandsaufnahme 1995 und Ausblick 1996, 2. Kurzbericht, 1995, S. 7, 9, 11.

[184] S. *Bruhn, Manfred*: Sponsoring – Unternehmen als Mäzene und Sponsoren, Frankfurt am Main: Frankfurter Allgemeine; Wiesbaden: Gabler, 1987, S. 128.

6 Anforderungen an die Umsetzung

Nachdem in den vorangegangenen Kapiteln ausführlich die Einsatzmöglichkeiten von Online-Medien auf den verschiedenen Ebenen der Marktkommunikation dargestellt wurden, soll nachfolgend noch auf einige Punkte eingegangen werden, die bei einem Engagement zu berücksichtigen sind. Dem Konzept der Computer-Mediated Environments folgend wird mit den in ihnen vorherrschenden gesellschaftlichen Rahmenbedingungen begonnen.

6.1 Verständnis Virtueller Gemeinschaften

Um in CMEs im Sinne einer effektiven Unternehmenskommunikation agieren zu können, ist die dort vorherrschende Kultur zu berücksichtigen. Zwischen den einzelnen Online-Diensten und dem Internet, sowie zwischen Sub-Gemeinschaften innerhalb der Systeme, gibt es hier, teilweise beträchtliche Unterschiede. Sie basieren auf der Geschichte der Systeme sowie auf dem Umfang, in dem die Nutzer sich als Gemeinschaft verstehen.

Ein Beispiel: BTX diente seit seiner Einführung rein kommerziellen Überlegungen. Für den Nutzer sollte BTX eine Erleichterung in Dingen des Alltags bringen (Telebanking, Elektronik Shopping, Fahrplanauskunft etc.), das Ziel der Inhaltsanbieter war vorwiegend mit dem Abruf der Seiten Geld zu verdienen. Im Kontrast dazu das andere Extrem: Internet. In der Zeit nach der rein militärischen Nutzung des Netzes bis Anfang der 90er Jahre diente das Internet dem Ziel den wissenschaftlichen Austausch zu fördern und Wissenschaftlern weltweit das Leben und Arbeiten zu erleichtern. Heute nutzen Millionen Menschen das Netz, um miteinander zu kommunizieren und um (kostenlos) zur Verfügung gestellte Informationen abzurufen.

Es ist verständlich, daß sich in diesen beiden Systemen unterschiedliche Kulturen entwickelt haben und die Nutzer differierende Einstellungen zu manchen Dingen haben. Möchte man sich als Unternehmen nun in einem der Systeme engagieren, sei es durch Errichtung einer Online-Präsenz oder nur durch Nutzung von Online-Medien wie z.B. E-Mail, ist die jeweilige Kultur in Erfahrung zu bringen, und das eigene Verhalten darauf abzustimmen.[185] Wie in jeder Gemeinschaft muß man erst eine Weile Mitglied sein, bevor man versuchen kann, Einfluß auf die Regeln und Normen zu nehmen.

---

[185] Vgl. *Robbins, Max*: Internet Advertising Must Reflect Network 'Culture', in: Advertising Age's Business Marketing 80 (1995), No.1, p. 10.

6.1.1 Verhaltensregeln in Computer-Mediated Environments

In kommerziellen Online-Diensten gibt es Nutzungsbestimmungen, die den Betrieb des Systems und seine Nutzung regeln. Der Nutzer akzeptiert diese Regeln, wenn er den Online-Dienst abonniert, der Systembetreiber hat die Möglichkeit Nutzer, die gegen die Bestimmungen verstoßen, vom System auszuschließen. Im Internet gibt es diese per Vertrag festgeschriebene Beziehung zwischen Nutzer und Netzbetreiber nicht. Da das Internet aus tausenden Teilnetzen ohne zentrale Autorität besteht und sich quasi selbstverwaltet, kann es auch keine vertraglich fixierbare zentrale Nutzungsbestimmung geben. Da die Nutzer des Internet natürlich ein vitales Interesse am Erhalt des Systems haben, entwickelten sich eine Reihe von Verhaltensrichtlinien, die allgemein akzeptiert werden, und zum Betrieb des Netzes notwendig sind. Diese sogenannten *Netiquette* beinhalten Empfehlungen zum verantwortlichen Gebrauch der einzelnen Online-Medien und gelten als gute Umgangsformen der Datenkommunikation. Die Einhaltung der *Netiquette* bei der one to one und one to many Kommunikation hat sich auch in den kommerziellen Online-Diensten als guter Ton eingebürgert.

Die vollständige Wiedergabe der *Netiquette* würde den Rahmen dieser Arbeit sprengen. Die Darstellung beschränkt sich deshalb auf die, aus Sicht kommunizierender Unternehmen, relevantesten Regeln.[186]

6.1.2 Empfehlungen für die Unternehmenskommunikation

Ein über allem stehender Grundsatz für kommerzielle Aktivitäten in CMEs sollte das Prinzip des „giving back to the net" sein.[187] CMEs existieren nicht durch und schon gar nicht wegen kommerzieller Nutzung, sie werden durch die Beiträge der Nutzer mit Leben erfüllt und dienen in erster Linien der Kommunikation. Solange Unternehmen dies nicht vergessen, und ihr Verhalten danach richten wird eine kommerzielle Nutzung von den Nutzern weitgehend akzeptiert.[188] Dazu gehört auch, daß Unternehmen die Infrastruktur des Netzes nicht nur zur Erreichung eigener Ziele nutzen, sondern der Gemeinschaft etwas

---

[186] Typisch für die Kultur des Internet ist, daß es **Die Netiquette** nicht gibt. Als Referenz können dienen: *The Responsible Use of the Network Working Group IETF*: RFC 1855 Netiquette Guidelines, [URL: http://www.arganet.tenagra.com/Tenagra/rfc1855.html], 1995. Eine gute Zusammenstellung ist auch: *Rinaldi, Arlene H.*: The Net: User Guidelines and Netiquette, [URL: http://www.fau.edu/rinaldi/net/index.html], 1995. Eine deutsche Übersetzung mit einer Ergänzung zur Problematik des Du und Sie in deutschsprachigen E-Mails findet sich bei: *Reiser Christian*: NetzMayer, [URL: http://www.ping.at/guides/netmayer.html], 1995.

[187] Vgl. *Ellsworth, Jill H./Ellsworth Matthew*: The Internet Business Book, New York: John Wiley & Sons, [URL: http://www.oak-ridge.com/ibbch4p1.html], 1994, Chapter 4.

[188] Vgl. *Weiss, Aaron*: Spam Kills, in: Internet World 6 (1995), No.5, p. 79.

„zurückgeben". Dieser Beitrag kann auch in der Bereitstellung von *nützlichen* Informationen bestehen, wo sich dann der Kreis zu den Zielen der Marktkommunikation wieder schließt.

Während man durch das Bereitstellen von Informationen auf der Online-Präsenz nur leicht gegen die Netiquette verstoßen kann und damit höchstens sich selbst schadet, erfordert der aktive Gebrauch von Online-Medien eine aufmerksamere Betrachtung.

(1) Elektronische Post

Der Einsatz von E-Mail eröffnet theoretisch ungeahnte Möglichkeiten. Über 40 Millionen Menschen haben eine E-Mail Adresse. Auch wenn noch kein solches Programm existiert, ist es theoretisch möglich jedem dieser Nutzer eine Nachricht zu schicken. Doch praktisch sollte von solchen Überlegungen Abstand genommen werden.[189] Unangeforderte Werbebriefe sind in CMEs verpönt, sie stellen einen der gröbsten Verstöße gegen die Netiquette dar. Anders als bei der gelben Post zahlt nicht nur der Sender für die Beförderung, sondern auch der Empfänger. Wieviel für den Empfang einer E-Mail bezahlt werden muß, hängt von den Konditionen des jeweiligen Service-Providers ab. Meist ist eine bestimmte Anzahl pro Monat frei, was darüber hinausgeht muß extra vergütet werden. Was auf jeden Fall anfällt, sind die Telefongebühren für die beanspruchte Übertragungszeit. Was bei einigen Mails pro Tag noch erträglich ist, würde zu einem echten Problem anwachsen, wenn unangeforderte Werbe-Mails akzeptiert würden. Im Business to Business Bereich ist, wie bei aktivem Telemarketing, die Toleranz was unangeforderte Mails betrifft etwas größer. Im Sinne eines erfolgreichen Micromarketing sollte aber auch hier von Massenwerbesendungen abgesehen werden.

(2) Diskussionsplattformen

Der Zweck von Diskussionsplattformen ist es Menschen mit gleichen Interessen weltweite Kommunikation miteinander zu ermöglichen. Im Internet existieren über 8000 verschiedene Newsgroups, die jeweils einem speziellen Thema gewidmet sind. Diskussionsplattformen können, wie im Abschnitt PR beschrieben, in vielfältiger Weise für die Marktkommunikation genutzt werden. Wichtig dabei aber, eigene Beiträge müssen zum Thema passen, und für die anderen Teilnehmer der Group von Nutzen sein. Dies schließt das „Posten" von reinen Werbemitteilungen aus. Beiträge an die Group zu schicken, die nicht

---

[189] Vgl. *Strangelove, Michael*: Advertising on the Internet Frequently Asked Questions and Answers, [URL: gopher://gopher.fonorola.net/11/Internet%20Advertising%20FAQ/Internet%20Advertising%20FAQ.html], 1994.

zum Thema passen, sogenanntes *Off-Topic Posting*, gilt als rüder Verstoß gegen die Neti-quette.

Zur Erklärung nochmals kurz zum Prinzip der Newsgroups. Die meisten Groups sind un-moderiert, das heißt jeder kann, was auch immer er will, an die Group posten. Eine Kon-trolle oder Zensur findet nicht statt. Das heißt aber auch, daß das Funktionieren dieses Systems der Disziplin der Teilnehmer bedarf. Die Newsgroups sind nur dann von Nutzen für alle, wenn jeder seine Beiträge in die dem Thema gewidmete Group schickt und in-haltlich beim Thema bleibt.

Die schlimmste Art des Off-Topic Posting ist das sogenannte *Spamming*.[190] „Spamming is defined as posting identical or nearly-identical ads to a lot of newsgroups, one right after the other."[191] Ist die Plazierung einer unpassenden Werbebotschaft in einer der News-groups für die Teilnehmer schon ärgerlich genug, multipliziert sich der Effekt bei Spam-ming um ein Vielfaches. Neben der Verwässerung der Inhalte ist vor allem der finanzielle Aspekt für die Ächtung dieses Verhaltens verantwortlich. Während eine Homepage auf dem Server des Betreibers gespeichert ist und nur dort Platz beansprucht, funktioniert die Verbreitung der Newsgroups nach dem Store and Forward Prinzip. D.h. der Server eines Zugangs-Providers enthält eine Kopie der Newsgroups. Je größer der Umfang der gepo-steten Beiträge ist, desto mehr Übertragungskapazität wird beansprucht und je mehr Speicherplatz wird für die Aufbewahrung auf den Rechnern benötigt. Da Newsgroups auch außerhalb des Internet über private Mailboxnetze verbreitet werden, sind von Spamming Aktionen auch BBS Betreiber betroffen, die ihr Hobby aus ihrem Privatvermö-gen finanzieren.[192] „The real reason spamming is hated so much is because it's unbe-lievably *rude*. Each copy of the ad takes up disk space on thousands of machines aro-und the world -- and if you post the ad 1000 times, that's millions of copies of your mes-sage that *you* are making other people pay to store copies of."[193]

---

[190] Das Wort Spamming ist von SPAM (Spiced Pork And Ham), einer Art Schweinefleisch aus der Dose abgeleitet. Das Produkt war der Hauptdarsteller in einem Sketch der britishen Comikertruppe *Monthy Python* in der zweiten Staffel von *Monthy Python's Flying Circus*. In einem Restaurant, in dem die Speisekarte onehin fast vollständig aus SPAM bestand, übergröhlte eine Horde von Wickingern die Kellnerin mit wilden SPAM-Gesängen, sobald sie Gerichte vor-las, die kein SPAM enthielten. Für eine Transcript des Sketches s. Monthy Python: The Spam Sketch, [URL: ftp://ftp.funet.fi/pub/culture/tv+film/series/MontyPython/TheSpamSketch.gz].

[191] *Furr, Joel K.*: Advertising on Usenet, in: Usenet Newsgroup news.announce.newusers, 1995.

[192] Newsgroups sind eigentlich ein Teil des USENET und benutzen das Internet nur zur Beförderung. Auf eine Diffe-renzierung habe ich aus Gründen der Übersichtlichkeit verzichtet, zu USENET und NetNews s. *Dern, Daniel P.*: The Internet Guide for New Users, New York : McGraw-Hill, 1994, pp. 195-245.

[193] *Furr, Joel K.*: Advertising on Usenet, in: Usenet Newsgroup news.announce.newusers, 1995.

Reicht der Verstoß gegen die Netzkultur als Grund zum Unterlassen von Aktionen wie Spamming nicht aus, so gibt es noch ein anderes gewichtiges Argument. Die Nutzergemeinschaft hat wirksame Maßnahmen zum Schutz ihres Systems geschaffen, die Unternehmen, die sich nicht an die Regeln halten, empfindlichen Schaden zufügen können.

6.1.3 Negative Sanktionsmöglichkeiten

„The Internet is like the wild west - if you break the rules you are going to get shot."[194]

Da es keine zentrale Autorität mit Sanktionsmöglichkeit gibt, gehen die Nutzer selbst gegen unbotmäßiges Verhalten vor. Welches Verhalten genau Gegenmaßnahmen rechtfertigt, ist nicht festgelegt, es liegt im Ermessen jedes einzelnen Nutzers, ab wann er die Grenze als überschritten betrachtet. Im Gegensatz zu realen Gemeinschaften funktioniert im Internet diese Art der Selbstregulierung relativ gut, Fälle von „professionellem Querulantentum" sind selten.

Die Antwort auf rüdes Verhalten, insbesondere Spamming wird als *Flamming* bezeichnet. Jemanden zu „flamen" bedeutet eigentlich eine Haß-Mail an ihn zu richten. Tun dies Hunderte oder Tausende von Nutzern wird von Flamming gesprochen. Neben dieser, mehr oder weniger, freundlichen Aufforderung ein bestimmtes Verhalten doch in Zukunft zu unterlassen, gibt es noch eine Reihe anderer Maßnahmen wie beispielsweise Mail-Bombs, die für den Attackierten und dessen Service-Provider unangenehme Folgen haben können.[195]

Das bekannteste Beispiel von vorsätzlichem Spamming ist der Fall der Greencard Anwälte *Canter/Siegel*. Sie überfluteten nahezu jede Newsgroup mit einer Werbebotschaft, in der sie ihre Dienste für die Teilnahme an der alljährlich veranstalteten Greencard Lotterie zur Erlangung einer Arbeitserlaubnis für die USA offerierten. Binnen Stunden liefen bei Ihrem Service-Provider *PSi* die Haß-Mails ein, was zur Überlastung und schließlich dem Zusammenbruch dessen Netzes führte. *Canter/Siegel* behaupten, daß ihnen diese Aktion, die nur ein paar Dollar zum abschicken der Mails gekostet hat, beträchtliche Umsatzzuwächse gebracht hat. Wahr ist aber auch, daß sie ihren Netzzugang verloren haben und innerhalb

---

[194] *Mary Modahl*, zitiert in *Kimball, James G.*: Guidelines Could Spark Internet ad Stampede, in: Advertising Age's Business Marketing 79 (1994), No.5, p. 1.

[195] Zu weiteren Sanktionsmöglichkeiten s. *Boldt, Axel*: Blacklist of Internet Advertisers, [URL:http://math-www.uni-paderborn.de/~axel/BL/], 1995.

der Netzgemeinschaft zu bevorzugten Haßobjekten avanciert sind, was ihnen sowohl on- als auch offline erhebliche Unannehmlichkeiten eingebracht hat.[196]

Um das Spamming von Newsgroups zu verhindern sind auch Programme entwickelt worden, die an mehrere Groups gepostete Beiträge mit gleichem Inhalt abfangen und automatisch löschen. Außerdem existieren sogenannte Blacklists, in denen alle Firmen (mit Namen und Adresse) aufgelistet sind, die gegen die Netiquette verstoßen haben.[197]

Marktkommunikation in CMEs ist möglich und kann zu erheblichen Wettbewerbsvorteilen führen. Wie bei der Marktkommunikation in der realen Welt auch, entscheidet die richtige Ansprache der Zielgruppen über Erfolg oder Mißerfolg der Maßnahmen. Mißachtet man die in einer Gesellschaft geltenden Spielregeln, kann eine effektive Ansprache der Zielgruppen nicht gelingen.

6.2 Gestaltung der Online-Präsenz

Das wichtigste Instrument der Marktkommunikation in Computer-Mediated Environments ist die Online-Präsenz des Unternehmens. Ihre inhaltliche und grafische Gestaltung ist für den Erfolg des Engagements von fundamentaler Bedeutung.

Ein Erfolgsrezept für die Gestaltung der Online-Präsenz kann es nicht geben. Ihr Erfolg hängt davon ab, ob eine optimale Zielgruppenansprache gelingt und in wieweit die Nutzenerwartungen der Besucher erfüllt werden können. „Die Anbieter müssen den potentiellen Interessenten über Inhalte in ihr Angebot hineinziehen. Sie müssen Pull- statt Push-Marketing betreiben."[198]

6.2.1 Informieren oder Amüsieren

Die Frage, welche Inhalte die gewünschte Pull-Wirkung auslösen hängt vom Produkt, der Branche, dem Unternehmen und natürlich der Zielgruppe ab. Wie in der realen Welt, müssen beispielsweise Banken ihre Zielgruppen in Ton und Aufmachung anders ansprechen als Plattenfirmen. Für Firmen aus der Investitionsgüterbranche bietet sich die Option

---

[196] Canther/Siegel haben inzwischen ein Buch mit dem Titel: How to Make a Fortune On the Information Superhighway herausgebracht indem sie ihre Praktiken eingehend erklären. Bezeichnender Weise ist es das einzige Buch aus dem Themenkreis Marketing & Internet, das bisher in deutscher Übersetzung erschienen ist.

[197] Vgl. *Boldt, Axel*: Blacklist of Internet Advertisers, [URL:http://math-www.uni-paderborn.de/~axel/BL/], 1995.

[198] *Kabel, Peter*: Werbung in den neuen Medien: Vom Push- zum Pull-Marketing, Vortrag vom 10.04.1995 gehalten anläßlich der Kongreßmesse Veränderung & Innovation in der Kommunikationswirtschaft (kom:m), Düsseldorf [masch.], S. 4, Hervorhebung bereits im Original.

ihre Online-Präsenz mit Informationen über die Produkte und deren Anwendungsumfeld zu füllen. Die Interessenten dieser Produkte haben einen potentiell hohen Informationsbedarf, sie werden positiv auf für sie wichtige Informationen reagieren. Wichtig ist, daß die Informationen in einer Tiefe vorliegen, die einem Manual für Servicetechniker sehr nahe kommt. Anders als bei einem persönlichen Verkaufsgespräch kann die Frustration über unbeantwortete Fragen vom Verkäufer nicht abgefangen werden. Wer vielversprechenden Überschriften folgend sich minutenlang durch die Bereiche der Online-Präsenz klickt, um dann festzustellen die gewünschte Information ist doch nicht verfügbar, wird die Online-Präsenz nicht unbedingt in bester Erinnerung behalten. In kaum einem Medium der Unternehmenskommunikation werden bisher Informationen in dieser Tiefe geboten, hier sind die Erwartungen aber auch andere. Online-Nutzer sind in dem was sie an Informationen von Inhaltsanbietern erwarten sehr anspruchsvoll, sie sind es gewohnt, wenn auch manchmal nach langer Suche, irgendwo das zu finden, was sie suchen. Diese Erwartungen müssen die angebotenen Produktinformationen erfüllen.

Während für „Shopping-Goods" auch die Möglichkeit besteht ihre Inhalte an Produktinformationen auszurichten, haben es „Convenience Goods" sowie nicht erklärungsbedürftige Güter wesentlich schwerer. Ihnen bleibt nur der Weg durch Unterhaltung Besucher an die Online-Präsenz zu binden. Information um jeden Preis muß nicht sein, auch gut gemachtes Entertainment stößt bei den Online-Nutzern auf Interesse. „The fact is that the Internet is far and away the largest collection of trivial information on the planet. Any medium that provides a home for continuously updated coffee pots and detailed sock collections is a perfect fit for marketers of any kategory."[199] Das Potential, was alles möglich ist, ist noch lange nicht ausgeschöpft. Markenartikler können rund um die Marke eine Erlebniswelt inszenieren, die dem Produktimage entspricht. Vorteile haben Firmen, deren Produkte in die Lebenswelten der Zielgruppen integriert sind. Starke Marken, haben einen Startvorteil, dieser hält allerdings nur bis zum Erstbesuch der Online-Präsenz, danach zählt nur noch der Inhalt.

Eine Strategie für nicht erklärungsbedürftige Produkte ist es zur Anlaufstelle für alle Informationen aus einem bestimmten Bereich zu werden. Die Online-Präsenz einer Biermarke kann z.B. Hyperlinks zu anderen Online-Präsenzen, die sich mit Bier beschäftigen beinhalten und so zum zentralen Anlaufpunk für alle Bierinteressierten werden. Der Vorteil eines solchen „vallue-added Gateway" ist der regelmäßige Besucherstrom, der die

---

[199] O'Connel, Gerald M.: A New Pitch – Advertising on the World-Wide Web is a Whole New Ball Game, in: Internet World 6 (1995), No. 5, p. 56.

Online-Präsenz aufgrund der weiterführenden Hyperlinks annavigiert. Die eigene Marke bleibt so im Gedächtnis der Besucher aktiv.

Egal für welches der beiden Konzepte man sich entscheidet, Information oder Entertainment, wichtig ist, daß die Präsenz kontinuierlich betreut wird und die Inhalte auf dem neuesten Stand sind. „If a Web site gains the reputation of being stale and unchanging, it's as good as dead as far as it potential core audience is concerned. A marketer cannot afford to deploy a site and leave it unmodified for more than a month."[200]

6.2.2 Grafik versus Geschwindigkeit

Die Möglichkeiten der grafischen Gestaltung der Online-Präsenz hängen von den technischen Gegebenheiten des Systems ab. Bei den kommerziellen Online-Diensten bietet das System von AOL die größte Gestaltungsfreiheit. Mit den Entwicklungen im Internet kann aber auch AOLs Architektur nicht mithalten. Das Word Wide Web des Internet bietet bei weitem die meisten Möglichkeiten. Schon bald wird es möglich sein bewegte Objekte und mehrere gleichzeitig aktive Bereiche auf der Homepage zu haben.

Bei der Umsetzung muß immer ein Kompromiß zwischen optischer Erscheinung und Geschwindigkeit gefunden werden. Je mehr Grafikanteile die Online-Präsenz enthält, desto länger dauert der Aufbau der Seiten. Neben der Übertragung des Corporate Design auf die Online-Präsenz ist auch auf erträgliche Ladezeiten zu achten. Die gewöhnliche Zugangsgeschwindigkeit von Privatanwendern beträgt 28.8 Kbit/s oder darunter. Kombiniert mit der schlechten Netzinfrastruktur Deutschlands ergeben sich so schnell Wartezeiten, die ein angenehmes Navigieren zwischen grafikintensiven Seiten unmöglich machen. Im WWW schalten deshalb viele Nutzer die Grafikdarstellung im Browser ab. Die Seiten sollten so gestaltet sein, daß sie auch nur in Textform dargestellt noch verwendbar sind. Daraus leiten sich einige Gestaltungsregeln für Webseiten ab, die allerdings den Designern vorbehalten bleiben sollten und deshalb an dieser Stelle nicht näher dargelegt werden.

Innerhalb dieser Arbeit wurde wiederholt die Wichtigkeit betont, so viel Material der Unternehmenskommunikation wie möglich auf der Online-Präsenz zur Verfügung zu stellen. Damit ist allerdings nicht eine einfache 1:1 Übertragung der Inhalte gemeint. Das Lesen am Monitor erfordert eine andere Aufbereitung der Informationen. Online-Medien haben

---

[200] O'Connel, Gerald M.: A New Pitch – Advertising on the World-Wide Web is a Whole New Ball Game, in: Internet World 6 (1995), No. 5, p. 56.

ihre eigene Ästhetik entwickelt, die bei der Umsetzung der Inhalte berücksichtigt werden muß.[201]

6.3 Bekanntmachung des Angebots

Nachdem die Online-Präsenz errichtet und die E-Mail Adressen verteilt sind, muß das Engagement den relevanten Zielgruppen kommuniziert werden. Im Internet werden ca. 1.000 neue Doman Names jede Woche registriert, das Angebot an Web-Seiten ist so unüberschaubar groß geworden, daß die alte Maxime „if you build it they will come" keine Gültigkeit mehr hat.[202] Das Online-Engagement muß nicht nur in die Kommunikationspolitik integriert, sondern auch durch deren Instrumente gestützt werden.

6.3.1 Durch klassische Medien

Die Adressen der Online-Aktivitäten des Unternehmens müssen den bestehenden Dialogangeboten hinzugefügt werden. D.h. auf allen Drucksachen, die Telefonnummer oder Anschrift des Unternehmens enthalten sollte auch die E-Mail Adresse sowie die Adresse der Online-Präsenz nicht fehlen. Dies schließt auch Anzeigen oder Fernsehspots mit ein, die eine 0130 Nummer oder eine Antwortadresse enthalten.[203]

Novell Inc. berichtet, daß 6% der Reaktionen auf eine Printanzeige mit Antwortmöglichkeit, die auch die JRL der Homepage des Unternehmens enthielt, per E-Mail erfolgten.[204] In amerikanischen Zeitschriften finden sich immer häufiger solche Anzeigen. Manche Unternehmen schalten auch eigene Anzeigen nur um auf ihr Online-Engagement hinzuweisen. *Toyota* fiel durch eine ganze Anzeigenserie auf, deren einziges Ziel es war, die WWW-Adresse des Unternehmens bekannt zu machen. Natürlich ist bei solchen Aktionen auf eine möglichst große Schnittmenge zwischen Online-Nutzern, Leserschaft der Zeitschrift und eigener Zielgruppe zu achten. Auf die diesbezüglichen Schwachpunkte der *Cathay Pacific* Kampagne, die ansonsten als gutes Beispiel für On- und Offline Promotion von Aktionen in CMEs dienen kann, ist bereits an anderer Stelle hingewiesen worden.

[201] Vgl. *Kabel, Peter*: Einladen statt eindringen, in: W&V 31 (1995), Nr. 21, S. 61.

[202] S. *Anonymous*: Building Site Traffic, in: Who's Marketing Online? 1 (1995), No. 4.

[203] Vgl. *Gelormine, Vince*: Selling in Cyberspace, in: Succes 42 (1995), No. 4, p. 65.

[204] *Mullich, Joe*: Web Sales Opportunities, Dangers Abound, in: Advertising Age's Business Marketing 80 (1995), No. 3, p. 18.

Darst. 45: Anzeigen für das *CyberTraveler* Gewinnspiel in Print Medien und im WWW

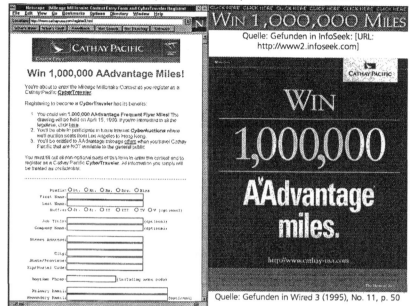

Quelle: Gefunden in InfoSeek: [URL: http://www2.infoseek.com]

Quelle: Gefunden in Wired 3 (1995), No. 11, p. 50

6.3.2 Innerhalb des Mediums

In kommerziellen Online-Diensten ist die Bewerbung der eigenen Online-Präsenz nur schwer möglich. CompuServe bietet einen „Neuheiten der Woche" Bereich, in den man eine Woche lang aufgenommen wird, wenn die Online-Präsenz neu ist. Darüber hinaus ist Werbung innerhalb des Systems nicht möglich. AOL promotet einige Inhalte im Begrüßungsmenue und innerhalb der Rubrikenübersichten, weitere Möglichkeiten gibt es aber auch hier nicht. In den übrigen Systemen bietet sich ein ähnliches Bild, eWorld und MSN bieten zusätzlich noch die Möglichkeit bezahlter Hyperlinks ins World Wide Web.

Im Internet existiert dagegen eine ganze Reihe von Möglichkeiten die Online-Präsenz auch Online zu promoten. Zuerst sollte man sich in die diversen *What's New* und *What's Cool* Listen eintragen lassen. Diese Listen dienen als Anlaufstelle für Nutzer, die wissen möchten welche Anbieter neu im Netz vertreten sind. Der Eintrag ist kostenlos bleibt jedoch meist nur ein paar Tage bestehen.

Um potentielle Interessenten wissen zu lassen, daß man jetzt auch im Netz vertreten ist, kann man in **passende** Newsgroups und Mailinglisten eine kurze Nachricht posten. Passend meint, um beim oben strapazierten Beispiel des Bierbrauers zu bleiben, die Newsgroup *alt.beer* oder auch *rec.food.drink.beer*, aber eben nicht *sci.physics.fusion* oder *alt.sport.bowling*.

Damit es Interessenten, die die URL der Homepage nicht kennen, möglich ist die Online-Präsenz trotzdem zu finden, sollte man sie unbedingt in die verschiedenen Search Engines eintragen. Neben den großen, im vorigen Kapitel beschriebenen, sollte man auch die kleineren, auf bestimmte Bereiche spezialisierten, sowie relevante andere Listings mit berücksichtigen. In Deutschland sind dies beispielsweise die Dino-Pages sowie das Verzeichnis deutschsprachiger WWW-Seiten an der FU-Berlin.[205]

„The final tip I call 'Link till you drop.'"[206] Gemeint ist auf möglichst vielen anderen Web-Sites einen Hyperlink auf die eigene Homepage zu erreichen. So gut wie jede Web-Site hat einen Bereich, in dem die Betreiber andere Sites vorstellen, die sie für interessant halten. Die Besucher können dann sofort per Hyperlink zu diesen Sites wechseln. Empfehlungen auf anderen Pages sind wie kostenlose Werbung. Wer auf vielen anderen Sites positiv erwähnt wird, kann so ohne großes eigenes Zutun einen signifikanten Besucherstrom erreichen. Da die Empfehlungen meist nur auf subjektiven Vorlieben der Betreiber basieren, zeigt sich auch hier, daß in CMEs gutgemachte Inhalte ein geringes Werbebudget auszugleichen vermögen.

6.4 Organisatorische Verankerung

Eine der wichtigsten Voraussetzung für einen erfolgreichen Einsatz von Online-Medien ist die Bereitschaft den Dialog mit den Online-Nutzern ernst zu nehmen. Dies führt zu der Frage an welcher Stelle des Unternehmens das Online-Engagement angesiedelt werden sollte. Da Online-Medien Hierarchie- und Abteilungsübergreifend eingesetzt werden, haben sich in der Praxis häufig kross-funktionale Teams als sinnvoll erwiesen.[207] Während die Inhalte zwingend aus dem Unternehmen kommen müssen, kann die Realisation der Online-Präsenz auch von einem externen Dienstleister übernommen werden.

---

[205] Die Dino Pages [URL: http://www.wiso.gwdg.de/ifbg/go.html], Liste Deutscher Firmen im Internet [URL: http://www.chemie.fu-berlin.de/outerspace/www-german.html].

[206] *Settles, Craig*: Have Web Sites, Need Visitors, in: VAR Business Magazine (1995), No. 6, [URL: http://www.successful.com/varartic.html].

[207] Vgl. *Booker, Ellis*: Bypassed Again? IS Often Left Out of Web Planning, in: Computer World (1995), No. 6, p. 28.

Für die technische Anbindung an die Netze haben sich sogenannte Service-Provider etabliert, in einigen Fällen sind sie auch für die Gestaltung der Inhalte verantwortlich. Meist übernehmen den Gestaltungsteil aber Spezialagenturen, die auf die Kreation multimedialer Inhalte spezialisiert sind. Agenturen wie *ModemMedia* in Amerika oder *Onlinepark* in Deutschland sind in relativ kurzer Zeit zu stattlicher Größe herangewachsen und versuchen vermehrt jetzt auch über die Umsetzung hinausgehende Beratungsleistungen anzubieten. Während die Spezialagenturen sich langsam Richtung Full-Service-Agentur bewegen, haben diese die Entwicklung nicht rechtzeitig erkannt und im Online-Bereich nur wenig zu bieten.[208] Von einigen Ausnahmen wie *Chiat/Day* oder *Ogilvy & Mather* abgesehen sind die klassischen Werbeagenturen noch nicht so weit, obwohl ihr Know-how im Bereich Markenführung für die Integration der Online-Präsenz in die Gesamtkommunikation wichtig wäre.

Natürlich ist auch eine vollständige Realisierung Inhouse möglich. Bei allen Konstellationen ist allerdings darauf zu achten, daß per E-Mail eingehende Fragen schnell und kompetent beantwortet werden und die im Namen der Firma in CMEs agierenden Personen die nötige Kundenorientierung nicht vermissen lassen.

---

[208] Zu den Aktivitäten der deutschen Top 20 Agenturen im multimedialen und interaktiven Bereich s. *Lassak, Frank*: Pioniere verzweifelt gesucht, in: W&V 31 (1995), Nr. 39, S. 67.

Literatur– und Quellenverzeichnis

ABC: ABC Expands Beta Tests With Publishers for Auditing Web Sites, [URL: http://www.accessabc.com/news1030.html], 1995

Anonymous: Building Site Traffic, in: Who's Marketing Online? 1 (1995), No. 4

Anonymous: Cyber Marketing Campaign Assesment: United Artists' "Tank Girl" Promotion, [URL: http://www.successful.com/tankgirl.html], 1995

Anonymous: Everything You Ever Wanted to Know About Site Sponsorship...But Didn't Know Who to Ask!, in: Who's Marketing Online? 1 (1995), No. 11, [URL: http://www.mindspring.com/~dmonline/Track/CoverStory.html]

Anonymous: Hits vs. Hype: The Lowdown on Site Traffic Stats, in: InterAd (1995), No. 7, [URL http://www.webtrack.com/interad/9507/hitshype.html]

Anonymous: Sun Microsystems' Internal Web Usage, in: Webmaster Online, (1995), October 4, [URL: http://www.cio.com/WebMaster/wmintracks.html]

Anonymous: Web to Debut Major Single, in: Internet World Fridag, (1995), December 8, [URL: http://pubs.iworld.com/iw-online/iw-friday/]

Ansoff, J.: Die Bewältigung von Überraschungen – Strategische Reaktionen auf schwache Signale, in: Zeitschrift für betriebswirtschaftliche Forschung (1976), S. 129-152

Bachert, Oliver/Bokonsky, Markus/Haimerl, Helmut G./Schwarzbauer, Sascha: Branchenanalyse: Deutsche Anbieter im Internet, unveröffentlicher Projektbericht, München, 1995, [masch.]

Bartel, Andreas: Online-Anwendungen nutzen mit Datex-J/Bildschirmtext – Homebanking, Teleshopping, Container-Welt, Electronic Mail, Bonn u.a.: Addison-Wesley, 1994

Becker, Jochen: Marketing-Konzeption – Grundlagen des strategischen Marketing-Managements, 5., verbesserte und ergänzte Auflage, München: Verlag Franz Vahlen, 1993

Benner, Aaron: Word-Of-Mouth Communications in USENET Newsgroup, [URL: http://www.vanderbilt.edu/Owen/novak/students/aaron_final/662paper.html], 1994

Berndt, Ralph: Marketing 2 – Marketing-Politik, 2., verb. Aufl., Berlin u.a.: Springer-Verlag, 1992

Bless, Heinz Joachim: Development von Human Ressources über On- und Offline-Medien – Was Multimedia-Lehrprogramme für die Weiterbildung bedeuten, Vortrag vom 11.04.1995 gehalten anläßlich der Kongreßmesse Veränderung & Innovation in der Kommunikationswirtschaft (kom:m), Düsseldorf [masch.]

Böhme-Köst, Peter: Verkaufsförderung mit Preisausschreiben, in: *Wolfgang K. A. Disch/Max Meier-Maletz* (Hrsg.): Handbuch Verkaufsförderung, Zürich: Kriterion Verlag; Hamburg: Marketing Journal, 1981, S. 481-494

Boldt, Axel: Blacklist of Internet Advertisers, [URL:http://math-www.uni-paderborn.de/~axel/BL/], 1995

Booker, Ellis: 2 'Closed' Services Shift to the Web, in: Web Week 1 (1995), No. 8, [URL: http://pubs.iworld.com/ww-online/Dec95/news/2closed.html)

Booker, Ellis: Bypassed Again? IS Often Left Out of Web Planning, in: Computer World (1995), No. 6, p 28

Booz·Allen & Hamilton (Hrsg.): Multimedia – Grundlagen, Märkte und Perspektiven in Deutschland, Frankfurt/Main: IMK, 1995

Bornman, H./von Solms S. H.: Hypermedia, Multimedia and Hypertext – Definitions and Overview, in: Electronic Library 11 (1993), No. 4/5, pp. 259-268

Bournellis, Cynthia: Internet '95 – The Internet's Phenomenal Growth ist Mirrored in Startling Statistics, in: Internet World 6 (1995), No. 11, pp.: 47-52

Bruhn, Manfred: Sponsoring – Unternehmen als Mäzene und Sponsoren, Frankfurt am Main: Frankfurter Allgemeine; Wiesbaden: Gabler, 1987

Bruhn, Manfred: Integrierte Unternehmenskommunikation – Ansatzpunkte für eine strategische und operative Umsetzung integrierter Kommunikationsarbeit, 2., überarb. u. erw. Aufl., Stuttgart: Schäffer-Poeschel Verlag, 1995

Bruhn, Manfred/Bunge, Bettina: Beziehungsmarketing – Neuorientierung für Marketingwissenschaft und -praxis?, in: *Manfred Bruhn/Heribert Meffert/Friedrich Wehrle* (Hrsg.): Marktorientierte Unternehmensführung im Umbruch – Effizienz und Flexibilität als Herausforderung des Marketing, Stuttgart: Schäffer-Poeschel, 1994, S. 41-84

Bruhn, Manfred/Dahlhoff, Dieter H. (Hrsg.): Effizientes Kommunikationsmanagement – Konzepte, Beispiele und Erfahrungen aus der integrierten Unternehmenskommunikation, Stuttgart: Schäffer-Poeschel, 1993

Bunk, Burkhardt: Positionierung in der Koexistenz, in: absatzwirschaft (1995), Nr. 11, S. 62-69

Burda Anzeigen–Marktforschung: Potentiale für Online-Dienste in Deutschland – Bestandsaufnahme 1995 und Ausblick 1996, 2. Kurzbericht, Frankfurt/Main: 1995, [masch.]

Burda Anzeigen-Marktforschung: Medien im Jahr 2020, in: Marketing Journal (1995), Nr. 2, S. 86-88

Burda Anzeigen-Marktforschung: Potentiale für Online-Dienste in Deutschland – Bestandsaufnahme 1995 und Ausblick 1996, 2. Kurzbericht, 1995, S. 7, 9, 11

Bush, Vannevar: As We May Think, in: Atlantic Monthly 175 (1945), No. 1, pp. 101-108

Coalition for Advertising Supported Information and Entertainment (CASIE): Casie Guiding Principles of Interactive Media Audience Measurement, [URL: http://www.commercepark.com/AAAA/bc/casie/guide.html], 1995

CommerceNet/Nielsen: The CommerceNet/Nielsen Internet Demographics Survey – Executive Summary, [URL: http://commerce.net/information/surveys/execsum/exec_sum.html], 1995

Cortese, Amy: Cyberspace – Crafting software that will let you build a business out there, in: Business Week (1995), No. 9, [URL: http://www.news.com:80/magazines/bw/archive/02/022795.2.html]

Crede, Andreas: Electronic Commerce and the Banking Industry: The Requirement and Opportunities for New Payment Systems Using the Internet, in: Journal of Computer Mediated Communication, Special Issue on Electronic Commerce 1 (1995), No. 3, [URL: http://www.usc.edu/dept/annenberg/vol1/issue3/crede.html]

Cross, Richard: Internet: The Missing Marketing Medium Found, in: Direkt Marketing Magazine 57 (1994), No. 6, pp. 20-23

Cutlip, Scott et al: Effective Public Relations, 6. edition, Englewood Cliffs: Prentice-Hall, 1985

Dern, Daniel P.: The Internet Guide for New Users, New York a.o.: McGraw-Hill, 1994

Edmonston, Jack: When is a Web Ad Simply Too Costly?, in: Advertising Age's Business Marketing 80 (1995), No. 8, p. 18

Eichmeier, Doris: Deutsche im Internet, in: W&V 32 (1996), Nr. 1-2, S. 16

Ellsworth, Jill H./Ellsworth Matthew: The Internet Business Book, New York: John Wiley & Sons, [URL: http://www.oak-ridge.com/ibbch4p1.html], 1994

eWorks!: [http://www.ewatch.com/]

Falckenberg, Christian: Internet – Spielzeug oder Werkzeug? – Einführung in Grundlagen und Anwendungen mit Diskussion sozialer und gesellschaftlicher Aspekte, Studienarbeit, Aachen, [URL: http://www.comnets.rwth-aachen.de/chf/Studienabeit/intenet.html], 1994

Fantapié Altobelli, Claudia: Charakterisierung und Arten der Werbung, in: *Ralph Berndt/Arnold Hermanns* (Hrsg.): Handbuch Marketing-Kommunikation – Strategien – Instrumente – Perspektiven – Werbung – Sales Promotions – Public Relations – Corporate Identity – Sponsoring – Product Placement, Wiesbaden: Gabler, 1993, S. 241-260

Fey, Jürgen: Abschied vom Mythos – Die Ars Electronica in einer Sinnkrise, in: c't Magazin für Computertechnik (1995) Nr. 8, S. 56-57

Fischer, Thomas/Setn, Carsten: Abgestaubt – Multimedia-Oberfläche KIT für Btx, in: c't (1995), Nr. 4, S. 100-102

Fittkau, Susanne/Maass, Holger: Ergebnisse der World Wide Web-Befragung W3B im Internet, (URL: http://www.w3b.de/W3B-1995/Ergebnisse/Zusammenfassung], 1995

Forrester Research: On-Line's Future – Executive Summary, [URL: http://www.forrester.com.research/pt/1994/nov94pte.html], 1994

Förster, Hans-Peter: Business-Btx – Professionelle Anwendungsmöglichkeiten von Bildschirmtext mit intelligenten Btx-Terminals und Personalcomputern, Haar bei München: Markt-u.-Technik-Verlag, 1984

Furr, Joel K.: Advertising on Usenet, in: Usenet Newsgroup news.announce.newusers, 1995

Gardner, Elizabeth: Few Web Sites Seen Growing Fat on Ads, in: Web Week 1 (1995), No. 8, [URL: http://pubs.iworld.com/ww-online/Dec95/news/adweb.html]

Gelormine, Vince: Selling in Cyberspace, in: Succes 42 (1995), No. 4, pp. 61-68

Gilster, Paul: Der Internet-Navigator (The Internet Navigator, dt.), o.Ü, München/Wien: Hanser Verlag, 1994

Gotfredson, Ed: Is Web Advertising Efficient?, [URL: http://www.dnai.com/~adsrus/edsWP.html], 1995

Hall, Chip: "Just send 'em an Email..." – Famous Last Words of the Wired Communicator, in: Net.Vallue 1 (1995), No. 2, [URL: http://www.owi.com/netvalue/vli2e2.html]

Hartenthaler, Hermann: Multimedia und neue Netze: Praxiserfahrungen mit Multimedia-Pilotanwendungen in ATM-Netzen, Vortrag vom 11.04.1995 gehalten anläßlich der Kongreßmesse Veränderung & Innovation in der Kommunikationswirtschaft (kom:m), Düsseldorf [masch.]

Hawkins, Donald T.: Electronic Advertising on Online Information $y$tem$, in: Online 18 (1994), No. 2, pp. 26-40

Heeter, Carrie: Implications of New Interacive Technologies for Conceptualizing Communication in: *Jerry L. Salvaggio/ Jennings Bryant* (eds.): Media Use in the Information Age – Emerging Patterns of Adoption and Consumer Use, pp. 217-235

Helmers, Sabine/Hoffmann, Ute/Hofmann, Jeanette: Alles Datenautobahn – oder was? – Entwicklungspfade in eine vernetzte Zukunft, in: *WZB* (Hrsg.): Kommunikationsnetze der Zukunft – Leitbilder und Praxis, Berlin: Selbstverlag, [URL: http://duplox.wz-berlin.de/docs/ausblick.html], 1994

Helmers, Sabine/Hoffmann, Ute/Hofmann, Jeanette: Offene Datennetze als gesellschaftlicher Raum – Das Modell Internet, in: Europartner Information (1995), Sonderheft April, [URL: http://duplox.wz-berlin.de/dics/eu/]

Hoffmann, Donna L./Novak, Thomas P.: How Big Is the Internet?, [URL: http://www.2000.ogsm.vanderbuilt.edu/how.big.wired.html], 1994

Hoffmann, Donna L./Novak, Thomas P.: Marketing in Hypermedia Computer-Mediated Environments: Conceptual Foundations, [URL: http://www.2000.ogsm.vanderbilt.edu/cmepaper.revision.july11.1995/cmepaper.html], 1995

Hoffmann, Donna L./Novak, Thomas P./Chatterjee, Patrali: Commercial Scenarios for the Web: Opportunities and Challenges, in: Journal of Computer Mediated Communication, Special Issue on Electronic Commerce 1 (1995), No. 3, [URL: http://www.2000.ogsm.vanderbilt.edu/patrali/jcmc.commercial.scenarios.html]

Hoffmann, Ute: „It's life, Jim, but not as we know it..." – Netzkultur und Selbstregulierungsprozesse im Internet, in: TA-Datenbank-Nachrichten 4 (1995), Nr. 3, S. 33-38, [URL: http://duplox.wz-berlin.de/docs/ta.html]

I/Pro: About I/Code: A Universal Registration System, [URL: http://www.ipro.com/icode.html], 1995

IAB: Why Use Internet Audit Bureau?, [URL: http://www.internet-audio.com/intro2.html], 1995

International Data Corporation: IDC Weekly Market Fact, [URL: http://www.idcresearch.com/danugget.html], 1996

Irrgang, Wolfgang: Strategien im vertikalen Marketing – Handelsorientierte Konzeption der Industrie, München: Verlag Vahlen, 1989

Jensen, Jeff: Comics' High-Tech Weapons, in: Advertising Age 65 (1994), No. 38, pp. 20-24

Jupiter Communications: Jupiter & Yahoo! Release Survey Snapshot, [URL: http://www.jup.com/edroom/reports/rep95/webuser/yahoo2.html], 1995

Kabel, Peter: Werbung in den neuen Medien: Vom Push- zum Pull-Marketing, Vortrag vom 10.04.1995 gehalten anläßlich der Kongreßmesse Veränderung & Innovation in der Kommunikationswirtschaft (kom:m), Düsseldorf [masch.]

Kabel, Peter: Einladen statt eindringen, in: W&V 31 (1995), Nr. 21, S. 61

Kaiser, Alexander: Möglichkeiten der Integration von Internet in die betriebliche Informationswirtschaft, in: Journal für Betriebswirtschaft (1995), Nr. 2, S. 95-104

Kiefer, Thomas: Das Internet im Wandel vom Nischenmedium zum Publikumsmedium, Magisterarbeit, München, [URL: http://www.ifkw.uni-muenchen.de/~kiefer/TEXT/WANDEL/contents.htm], 1995

Kimball, James G.: Guidelines Could Spark Internet ad Stampede, in: Advertising Age's Business Marketing 79 (1994), No.5, p. 1,45

Kimball, James G.: Intel Wipes out Surfing the 'Net, in: Advertising Age's Business Marketing 80 (1995), No.1, pp. 1, 27

Kneer, Volker: Computernetze und Kommunikation, überarb. Fassung, Diplomarbeit, Hohenheim, [URL: http://www.uni-koeln.de/themen/cmc/text/kneer.94a.txt], 1994

Koinecke, Jürgen: Die wichtigsten Instrumente der Verkaufsförderung, in: *Wolfgang K.A. Disch/Max Meier-Maletz* (Hrsg.): Handbuch Verkaufsförderung, Zürich: Kriterion Verlag; Hamburg: Marketing Journal, 1981, S. 19-44

Kotler, Philip/Armstrong, Gary: Principles of Marketing, 5. edition, Englewood Cliffs: Prentice-Hall, 1991

Krakowa, Lisa C.: The Virtual Mosh Pit, in: American Demographics Iss: Marketing Tools (1995), No. 6, pp. 26-29

Kridlo, Stefan: Rechtliche Aspekte beim Einsatz des Direktmarketing in: *Günter Greff/Armin Töpfer* (Hrsg.): Direktmarketing mit neuen Medien, 3., völlig überarb. u. erw. Aufl., Landsberg/Lech: Verlag Moderne Industrie, 1993, S. 117-127

Kroeber-Riel, Werner: Strategie und Technik der Werbung – Verhaltenswissenschaftliche Ansätze, 4. Aufl. Kohlhammer Edition Marketing, Hrsg. von Richard Köhler/Heribert Meffert, Stuttgart/Berlin/Köln: Kohlhammer, 1993

Labovitz, John: List of E-Zines, [URL: http://www.meer.net/~johnl/e-zine-list/zines/Apha.html]

Lappin, Todd: Rip ISDN?, in: Wired 3 (1995), No. 11, p. 50

Lassak, Frank: Pioniere verzweifelt gesucht, in: W&V 31 (1995), Nr. 39, S. 64-67

Lee, Lydia: Tracking Web Traffic, in: Newmedia (1995), No. 6, p. 24

Litke, Bernd: Chancen im Bildschirmtext in: *Günter Greff/Armin Töpfer* (Hrsg.): Direktmarketing mit neuen Medien, 3., völlig überarb. u. erw. Aufl., Landsberg/Lech: Verlag Moderne Industrie, 1993, S. 235-248

Lotter, Mark K.: Internet Domain Survey, [URL: http://www.nw.com/zone/WWW/report.html], 1995

MacDonald, Peter: The Next 750 Words are Commercial-Free, in: Canadian Business 68 (1995), No. 6, p. 155

MacKie-Mason, Jeffrey K./Varian, Hal: Economic FAQs About The Internet, in: Journal of Economic Perspectives (1994), No. 3, pp. 75-96

Maddox, Kate/Wagner, Mitch/Wilder, Clinton: Making Money on the Web, in: Information Week (1995), No. 543, p. 31, [URL: http://techweb.cmp.com:80/techweb/programs/cmp_waisgate?RF=823405680.17258&num=5#head]

Maier, Gunther/Wildberger, Andreas: In 8 Sekunden um die Welt – Kommunikation über das Internet, 2. Aufl., Bonn u.a.: Addison Wesley, 1994

Malamud, Carl: Exploring the Internet – A Technical Travelouge, Englewood Cliffs: Prentice-Hall, 1992

Marx, Wendy: Fear of Being Left Behind Prompts Publicity Pros to Explore Cyberspace, in: Advertising Age 66 (1995), [URL: http://www.adage.com/bin/viewdataitem.cgi?opinions/archives&opinions8.html]

Matrix Information & Directory Services (MIDS): Three Levels of Users – Projections for July 1995 of Users of the Matrix and the Internet, [URL: http://www.mids.org/mids/big957.html], 1995

MC-Informationssysteme: MC Online – Monitor – Erste Ergebnisse der Marktuntersuchung, Bad Homburg, 1995, [masch.]

McKenna, Regis: Real-Time Marketing, in: Havard Business Review 17 (1995), No. 4, pp. 87-95

MediaWare (Hrsg.): Online – Vor- und Nachteile, Nutzer, Rechtsfragen, Entwicklungen/Tendenzen, Dienste im Vergleich, Frankfurt/Main: Selbstverlag, 1995

Meffert, Heribert: Marktorientierte Unternehmensführung im Umbruch – Entwicklungsperspektiven des Marketing in Wissenschaft und Praxis, in: *Manfred Bruhn/Heribert Meffert/Friedrich Wehrle* (Hrsg.): Marktorientierte Unternehmensführung im Umbruch – Effizienz und Flexibilität als Herausforderung des Marketing, Stuttgart: Schäffer-Poeschel, 1994, S. 3-39

Meffert, Heribert unter Mitarb. von *Jürgen Althans* et al.: Bildschirmtext als Kommunikationsinstrument – Einsatzmöglichkeiten im Martketing, Stuttgart u.a.: Kohlhammer, 1983

MGM MediaGruppe München (Hrsg.): Marktübersicht Online-Dienste – Zehn in- und ausländische Systeme im Vergleich, Kommunikations-Kompendium, Band 5, München: Selbstverlag, 1995

Michalski, Jerry: People are the Killer App., in: Forbes (1995), Iss: ASAP Supplement, pp. 120-122

Monthy Python: The Spam Sketch, [URL: ftp://ftp.funet.fi/pub/culture/tv+film/series/MontyPython/TheSpamSketch.gz]

Mullich, Joe: Web Sales Opportunities, Dangers Abound, in: Advertising Age's Business Marketing 80 (1995), No. 3

Murphy, Kathleen: It May Be Crude, But Its Inventor Says It Works, in: Web Week 1 (1995), No. 7, [URL: http://pubs.iworld.com/ww-online/Nov95/news/noshit.html]

Narasimhan, Anand/Chatterjee, Patrali: The Web As a Distribition Channel, [URL: http://www2000.ogsm.vanderbilt.edu/seminar/patrali_anand_final/first.htm], 1995

Negroponte, Nicholas: Total digital – Die Welt zwischen 0 und 1 oder Die Zukunft der Kommunikation (being digital, dt.), übers. von Fritz Franca/Heinrich Koop, München: C. Bertelsmann Verlag, 1995

Nelson, Ted: Getting it Out of Our System, in: *G. Schechter* (ed.), Information Retrieval: A Critical Review, Washington D.C.: Thompson Books, 1967

Neske, Fritz: PR-Management, Gernsbach: Deutscher Betriebswirte-Verlag, 1977

Net Search: [URL: http://home.netscape.com/home/internet-search.html]

Netscape Communications Corp.: White Paper, [URL: http://www.netscape.com/comprod/at_work/white_paper/index.html], 1995

Nieschlag, Robert/Dichtl, Erwin/Hörschgen, Hans: Marketing, 16., durchges. Aufl. (bis 3. Aufl. unter d. Titel "Einführung in die Lehre von der *Absatzwirtschaft*"), Berlin: Duncker und Humblot, 1991

Nollinger, Mark: America, Online!, in: Wired 3 (1995), No. 9, [URL: http://www.hotwired.com/wired/3.09/features/aol.html]

O'Connel, Gerald M.: A New Pitch – Advertising on the World-Wide Web is a Whole New Ball Game, in: Internet World 6 (1995), No. 5, pp. 54-56

O'Reilly & Associates: Difining the Internet Opportunity, Final Study Results, [URL: http://www.ora.com/gnn/bus/ora/info/research/users/results.html], 1995

o. V.: Burda wirft das Handtuch ins Internet, in: multiMedia Telegramm, 15.11.1995, [URL: http://www.hightext.de/burda.html]

o. V.: Einstellung zur Werbung 1994, in: Horizont (1995), Nr. 28, S. 22

o. V.: Kurswechsel bei Compuserve in: W&V Future (1995), Sonderheft 1995, Nr. 51/52, S. 40

o. V.: Microsoft positioniert MSN um, in: multiMedia (1995), Nr. 12, [URL: http: www.hightex.de/12952.html]

o. V.: Spiel mit hohem Einsatz, in: W&V 31 (1995), Nr. 46, S. 182-186

Opaschowski, Horst W.: Medienkonsum – Analysen und Prognosen, Hamburg: BAT Freizeit-Forschungsinstitut, 1995

Otto, Helge-Jörg: Radio und Fernsehen nach Bedarf, in: Funkschau (1996), Nr. 1, S. 59-61

Parker, Rachel: How LeviWeb Will Empower Employees, in: InfoWorld 17 (1995), No. 7, p. 78

Quaterman, John S./Carl-Mitchell, Smoot: What is the Internet, Anyway?, in: Matrix News 4 (1994), No. 8, [URL: gopher://gopher.mids.org/00/matrix/news/v4/what.408]

Quinion, Michael B.: Citing Online Material, [URL: ftp://rtfm.mit.edu/pub/usenet/alt.answers/alt-usage-english-faq], 1995

Rafaeli, S.: Interacitivity: From New Media to Communication, in: *R.P. Hawkins,/J.M. Wieman/S. Pingree* (eds.), Advancing Communication Science: Mergine Mass and Interpersonal Processes, Newbaryark: 1988, pp. 110-134

Rayport, Jeffrey F./Sviokla, John J.: Managing in the Marketspace, in: Havard Business Review 16 (1994), No. 6, pp. 141-150

Rayport, Jeffrey F./Sviokla, John J.: Exploiting the Virtual Value Chain, in: Havard Business Review 17 (1995), No. 6, pp. 75-85

Reardon, Kathleen K./Rogers, Everitt M.: Interpersonal Versus Mass Communication: A False Dichotomy, in: Human Communication Research 15 (1988), No. 2, pp. 284-303

Reid, Elizabeth M.: Electropolis: Communication and Community on Internet Relay Chat, Honours Thesis, Melbourne, [URL: http://www.uni-koeln.de/themen/cmc/text/reid.91.txt], 1991

Reiser Christian: NetzMayer, [URL: http://www.ping.at/guides/netmayer.html], 1995

Resnick, Rosalind: Interactive Publishing Alert Advertising Index (IPA), [URL: http://www.netcreations.com/ipa/], 1995

Rheingold, Howard: Virtuelle Gemeinschaft – Soziale Beziehungen im Zeitalter des Computers, (The Virtual Community, dt.), übers. von Dagmar Schulz/Dieter Strehle, Bonn u.a.: Addison-Wesley, 1994

Rinaldi, Arlene H.: The Net: User Guidelines and Netiquette, [URL: http://www.fau.edu/rinaldi/net/index.html], 1995

Robbins, Max: Internet Advertising Must Reflect Network 'Culture', in: Advertising Age's Business Marketing 80 (1995), No.1, p. 10

Rogers, E./Chaffee, S.: Communication as an Academic Discipline: A Dialog, in: Journal of Communication 33 (1983), No. 3, pp. 18-30

Roth, Peter: Kultur Sponsoring – Meinungen, Chancen und Probleme, Konzepte, Beispiele, Landsberg/Lech: Verlag Moderne Industrie, 1989

Roth, Peter: Sportsponsoring – Grundlagen, Strategien, Fallbeispiele, 2. überarb. u. erw. Aufl. (1. Aufl. unter d. Titel „Sportwerbung"), Landsberg/Lech: Verlag Moderne Industrie, 1989

Schub von Bossiazky, Gerhard unter Mitarb. von Marcus Pradel et al.: Absehbare Entwicklungen in der Kommunikationswirtschaft – Ein Szenario, in: Paul Kuff (Hrsg.): Kommunikationsperspektiven – Bericht zum Forschungsprojekt Kommunikationsperspektiven, Schriftenreihe der Fachhochschule Düsseldorf 10, Düsseldorf: Selbstverlag, 1995

Settles, Craig: Have Web Sites, Need Visitors, in: VAR Business Magazine (1995), No. 6, [URL: http://www.successful.com/varartic.html]

Sietmann, Richard: Bedrohen Online-Dienste den Fachhandel?, in: Funkschau (1995), Nr. 2, S. 36-39

Silberer, Günter: Marketing mit Multimedia – Grundlagen, Anwendungen und Management einer neuen Technologie im Marketing, Stuttgart: Schäffer-Pöschel, 1995

Solomon, Stephen D.: Staking a Claim on the Internet, in: Inc. Magazine 16 (1994), No. 15

SRI: Exploring The World Wide Web Populations's Other Half, [URL: http://future.sri.com/vals/vals-survey.results.html], 1995

Staub, Ulrich: Einsatzmöglichkeiten elektronischer Medien im Direktmarketing in: Günter Greff/Armin Töpfer (Hrsg.): Direktmarketing mit neuen Medien, 3., völlig überarb. u. erw. Aufl., Landsberg/Lech: Verlag Moderne Industrie, 1993, S. 271

Stiller, Andreas: Prozessorgeflüster – Der Bug von Intels Flaggschiff, in: c't Magazin für Computertechnik (1995) Nr. 1, S. 20-21

Stoetzer, Mathhias-W.: Neue Telekommunikationsdienste – Stand und Perspektiven ihres Einsatzes in der deutschen Wirtschaft, in: IFO-Schnelldienst (1994), Nr. 7, S. 8-19

Stolz, Markus: Frisch gezapft vom Internet, in: W&V 31 (1995), Nr. 46, S. 98-100

Strangelove, Michael: Advertising on the Internet Frequently Asked Questions and Answers, [URL: gopher://gopher.fonorola.net/11/Internet%20Advertising%20FAQ/Internet%20Advertising%20FAQ.html], 1994

Strangelove, Michael: The Walls Come Down – Net Age Advertising Empowers Consumers, in: Internet World 6 (1995), No. 5, p. 41

Strauss, B./Schulze, H. S.: Internes Marketing, in: Marketing ZFP (1990), Nr. 3, S. 149-158

Successful Marketing Strategists: A Quest for Insight: PR in Cyberspace, [URL: http://www.successful.com/report.html], 1995

Sutrich, Othmar: Prozeßmarketing anstelle des Mix, in: Havard Business Manager 72 (1994), Nr. 1, S. 118-125

TdW Intermedia (Hrsg): Typologie der Wünsche 1995, Frankfurt/Main: Selbstverlag, 1995

The Responsible Use of the Network Working Group IETF: RFC 1855 Netiquette Guidelines, [URL: http://www.arganet.tenagra.com/Tenagra/rfc1855.html], 1995

The Working Group on Internet Advertising: Electronic Billboards on the Digital Superhighway, [URL: http://www.cni.org/projects/advertising/www/adpaper.html], 1994

WebTrack Information Sevices: First Web Advertising Placement Study, [URL: http://www.webtrack.com/pressrel.html], 1995

WebTrack Information Sevices: What Sort of Content are Corporate Sites Offering? in: InterAd (1995), No. 7, [URL http://www.webtrack.com/interad/9507/tracking.html]

Weiss, Aaron: Spam Kills, in: Internet World 6 (1995), No.5, pp. 78-80

Wiggins, Richard W.: Guessing Game, in: Internet World 6 (1995), No.11, p. 50

Woolley, Benjamin: Die Wirklichkeit der virtuellen Welten, (Virtual worlds, dt.), übers. von Gabriele Herbst, Basel/Boston/Berlin: Birkhäuser Verlag, 1994

Yahoo!: [URL: http//www.yahoo.com]

Zentralverband der deutschen Werbewirtschaft (Hrsg.): Werbung in Deutschland 1995, Verlag Edition: ZAW, Bonn: 1995

Wissensquellen gewinnbringend nutzen

Qualität, Praxisrelevanz und Aktualität zeichnen unsere Studien aus. Wir bieten Ihnen im Auftrag unserer Autorinnen und Autoren Wirtschafts-studien und wissenschaftliche Abschlussarbeiten – Dissertationen, Diplomarbeiten, Magisterarbeiten, Staatsexamensarbeiten und Studien-arbeiten zum Kauf. Sie wurden an deutschen Universitäten, Fachhoch-schulen, Akademien oder vergleichbaren Institutionen der Europäischen Union geschrieben. Der Notendurchschnitt liegt bei 1,5.

Wettbewerbsvorteile verschaffen – Vergleichen Sie den Preis unserer Studien mit den Honoraren externer Berater. Um dieses Wissen selbst zusammenzutragen, müssten Sie viel Zeit und Geld aufbringen.

http://www.diplom.de bietet Ihnen unser vollständiges Lieferprogramm mit mehreren tausend Studien im Internet. Neben dem Online-Katalog und der Online-Suchmaschine für Ihre Recherche steht Ihnen auch eine Online-Bestellfunktion zur Verfügung. Inhaltliche Zusammenfassungen und Inhaltsverzeichnisse zu jeder Studie sind im Internet einsehbar.

Individueller Service – Gerne senden wir Ihnen auch unseren Papier-katalog zu. Bitte fordern Sie Ihr individuelles Exemplar bei uns an. Für Fragen, Anregungen und individuelle Anfragen stehen wir Ihnen gerne zur Verfügung. Wir freuen uns auf eine gute Zusammenarbeit.

Ihr Team der Diplomarbeiten Agentur

Diplomica GmbH
Hermannstal 119k
22119 Hamburg

Fon: 040 / 655 99 20
Fax: 040 / 655 99 222

agentur@diplom.de
www.diplom.de